ペトロ文庫

教皇フランシスコ

使徒言行録・世をいやす

―教皇講話集―

カトリック中央協議会

目次

真福八端

世をいやす

本書は文庫オリジナルです。

文中、聖書の引用は原則として日本聖書協会『聖書 新共同訳』（二〇〇〇年版）を使用しました。ただし、漢字・仮名の表記は本文に合わせています。他の引用につきましても、用字等、一部変更を加えた箇所があることをお断りいたします。

はじめに

本書は、教皇フランシスコが行った三つのテーマの一般謁見連続講話を一冊にまとめたものです。「使徒言行録」をテーマにした二〇一九年五月二十九日から翌二〇二〇年一月十五日までの二十回、「真福八端」をテーマにした同年一月二十九日から四月二十九日までの九回、そして「世をいやす」と題された同年八月五日から九月三十日までの九回の講話を収録しています。

「使徒言行録」と「世をいやす」の邦訳は、すでにカトリック中央協議会のウェブサイトに掲載されていますが、書籍化にあたり全面的に訳文を見直しています。

「真福八端」の五回目、二〇二〇年三月十一日の回から、水曜日の一般謁見は新型コロナウイルス感染症対策のため、教皇公邸書斎からのライブ配信になりました。会衆の入場を可とする形式に戻ったのは「世をいやす」の五回目、二〇二〇年九月二日からですが、規模を縮小するため、会場は通常のサンピエトロ広場（冬季はパウロ六世ホール）ではなく、教皇公邸のサンダマソの中庭になりました。「世をいやす」が完結し、この講話のために一時中断されていた「祈りについて」の連続講話（後日書籍化予定）が再開された十月七日から、会場はパウロ六世ホールに移りました。しかし、十一月四日には再度ライブ配信に切り替えられ、それは翌二〇二一年の五月五日まで続きました。二〇二二年四月現在、一般謁見はサンピエトロ広場ではなくパウロ六世ホールで行われています。

＊＊＊

「使徒言行録」の連続講話では、ペトロとパウロを筆頭とした、初代教会における宣教の働きが語られています。しかし、真の主役として示されているのは聖霊です。「使徒言行録を読むと、教会の宣教の主人公は聖霊であることが分かります。聖霊こそが、進むべき道を示し、宣教者の旅を導いておられるかたです」（83頁）。教皇は、自分の考えや価値観を一方的に押しつけるような宣教の方法を厳しく戒めています。そして次のように説きます。「聖霊がおられなければ、福音宣教はありません。熱心な勧誘、宣伝と同じです。福音宣教とはむしろ、聖霊に導かれるようにすることです」（67頁）。

＊＊＊

山上の説教の冒頭に置かれている「真福八端」（マタイ5・1―11）を解説する連続講話で教皇は、「イエスのみ顔、イエスの生き方をかたどったものである」（118頁）真福八端は、キリスト者にとっての「身分証」（同）であると述べています。フランシスコ教皇らしい言い回しですが、愛情や優しさとともに、そこには厳しさも含まれているように思います。身分証である以上、その身分にかなう自分であるかを省みるよう、つねに求められるからです。

＊＊＊

「世をいやす」の連続講話は、パンデミックによって傷ついた「今日のこの世界をいやすため」（167頁）、わたしたちに何ができるのか、何をしなければならないのかという導きです。「パンデミックが浮き彫りにした……社会的な病」（168頁）についてさまざまな角度から考察が加えられ、教会が蓄積してきた数多くの社会教説が随所で参照されています。

パンデミックについて語る際に教皇がたびたび繰り返していることですが、この危機からは、よくなって脱しなければなりません。「危機を経た後には以前と同じではないのです。パンデミックは危機なのです。よくなって危機を抜け出るか、よりひどくなっているかのどちらかです。わたしたちがどちらかを選択するのです」(192頁)。単に以前に戻るのではだめなのだと教皇は説きます。それは、「病んでいるのが普通、まさしくパンデミック前から病んでいたのが通常だった」(219頁)からなのです。

＊＊＊

パンデミックを脱した後の、弱い立場にある人を最優先する社会の構築を教皇が訴える中、そのパンデミックすら終息を迎えてはいないのに、世界では悲惨な戦争が始まってしまいました。いのちの尊さを訴える教皇の声を一人でも多くの人に届けるため、わずかながらも一助になってまいりたいと思います。

教皇フランシスコ

使徒言行録・世をいやす
――教皇講話集

カトリック中央協議会事務局　編訳

使徒言行録

聖霊――神のダイナミズム

「イエスはご自分が生きていることを示し、……こう命じられた。……父の約束されたものを待ちなさい」（使徒言行録1・3、4）

愛する兄弟姉妹の皆さん、おはようございます。

今日から、使徒言行録に関する連続講話を始めます。聖書のこの書は、福音記者聖ルカが執筆した旅の物語です。旅――どのような旅でしょうか。世界を巡る福音の旅であり、宣教の時代の幕開けをもたらした、神のことばと聖霊のみごとな結びつきを表しています。使徒言行録の主役は、快活で有能な「二人組《コンビ》」です。神のことばと聖霊です。

神は「仰せを地に遣わされる。みことばは速やかに走る」（詩編147・15）――詩編はこう告げています。走る神のことばは、ダイナミックで、蒔《ま》かれればどんな土地をも潤します。では、その力は何でしょうか。聖ルカが語っているように、人間のことばが力をもつのは、巧みな話術であるレトリックによるのではなく、神の可能態《デュナミス》、神のダイナミズムである聖霊のおかげであり、ことばを清め、いのちをもたらすことができる聖霊の力によるのです。たとえば、聖書にはさまざまな物語や人々のことばがありますが、聖書と歴史書とでは何が違うのでしょうか。聖書のことばは、聖霊によって記されています。聖霊は極めて強い力、まったく異質の力を発揮して、わたしたちのことばが、聖性の種、いのちの種となり、影響を与えるものとなるよう助けてくださいます。聖霊が人間のことばに訪れると、それは「ダイナマイト」のようにダイナミックになって、人々の心を燃やし、企ても抵抗も隔ての壁も吹き飛ばし、新しい道を開いて、神の民の陣地を広げるのです。この連続講話では、そのことを使徒言行録の中に見ていこうと思います。

嘘をつき、責任逃れをすることも可能な、あまりにも頼りないわたしたち人間のことばに、心震わせる音色と明快な響きを与えるかたは聖霊だけです。このかたによって、神の独り子はお生まれになりました。聖霊は御子に油を注ぎ、使命を果たす御子を支えた霊です。御子が使徒を選んだのはこのかたのおかげであり、彼らの宣教に粘り強さと豊かな実りを確かに与えてくださったのはこの霊です。このかたは、今のわたしたちの宣教にも同じものを保証しておられます。

福音書はイエスの復活と昇天で締めくくられていて、使徒言行録のはしがきは、まさにそこから、つまり、教会にその血を注がれた復活の主のいのちの横溢《おういつ》から始まっています。聖ルカは、イエスは「苦難を受けた後、ご自分が生きていることを、数多くの証拠をもって使徒たちに示し、四十日にわたって彼らに現れ、神の国について話された」（使徒言行録1・3）と伝えます。復活したかた、復活のイエスは、とても人間らしい行動をなさいます。弟子たちと食事をともにしたり、「あなたがたは間もなく聖霊による洗礼を授けられる」（同1・5）という御父の約束が果たされるのを信頼して待つよう彼らに呼びかけたりなさるのです。

聖霊による洗礼によってわたしたちは、神との個人的な交わりに加わり、神の普遍的な救いの意志にあずかり、それによってパレーシア、勇気のたまもの、つまり「神の子どもとしての」ことばを口にする力を手に入れます。人から生まれた子であるばかりでなく、神の子らなのです。だからそのことばは、キリストへの愛と兄弟姉妹への愛に満ちた、歯切れよく遠慮のない、説得力あるものなのです。

ですから神のたまものを得るため、またそのたまものにふさわしい者となるために、闘う必要はありません。すべては無償で、ふさわしいときに与えられます。主は、あらゆるものを無償で与えてくださいます。救いは購入するものではありません。何も支払うことなく、ただで与えられるものです。イエスは、ご自分が告げたことがいつ実現するのか前もって知りたいという弟子たちに答えます。「父がご自分の権威をもってお定めになった時や時期は、あなたがたの知るところではない。あなたがたの上に聖霊が降《くだ》ると、あなたがたは力を受ける。そして、エルサレムばかりでなく、ユダヤとサマリアの全土で、また、地の果てに至るまで、わたしの証人となる」（同1・7―8）。

復活した主が弟子たちに求めておられることは、思い悩みながら今を生きることではなく、時と手を結ぶこと、途絶えることなく進み、つねに先へ行く、聖なる歴史が解き明かされる日を待ち望むこと、そして、時と空間の主である神の「なさること」を待つことです。復活したかたが弟子たちに望むのは、自分で使命を「でっち上げる」のではなく、ご自身の霊で心をダイナミックに動かしてくださる御父を待つことです。それによって、エルサレムからサマリアへと広がり、ユダヤの国境を超えて地の果てに至るまでの、宣教のあかしに加わるためです。

この期待を、使徒たちはともに味わっています。彼らはそれを主の家族として、高間にいて味わいます。高間の壁は、イエスが聖体においてご自身を引き渡された際に用いたたまものを、今もなお、あかししています。では彼らは、どのように可能性《デュナミス》としての神の力を待ったのでしょうか。辛抱強く祈ることによって、しかもばらばらにではなく一つになって祈りました。一致して、粘り強く祈りながら待ったのです。孤独、誘惑、疑いに打ち勝ち、交わりへと心を開けるのは、実に祈りによってなのです。女性たちの存在と、イエスの母マリアの存在が、この経験を強めています。愛への忠誠と、どんな恐怖をも打ち砕く交わりの力をあかしすることを師なるかたから学んだ最初の者は、まさに彼女たちだからです。

わたしたちも祈り、聖霊により頼み、教会の交わりの技術を磨きつつ主に求めましょう。主のわざを自分たちで「でっち上げ」ようとせず従順でい続けられるよう、主のなさることを待つ粘り強さが与えられますように。

（二〇一九年五月二十九日、サンピエトロ広場にて）

一致と交わりの観点からの共同体の識別

「この人が十一人の使徒の仲間に加えられることになった」（使徒言行録1・26）

愛する兄弟姉妹の皆さん、おはようございます。

わたしたちは「旅」を、使徒言行録で語られる福音の旅をたどる連続講話を始めました。使徒言行録は福音の旅を、つまり福音がどのように先へ先へと進んだかを、はっきりと示しているからです。すべてはキリストの復活から始まります。それは、数ある出来事の一つではなく、新たないのちの始まりです。弟子たちはそれを知っています。イエスの命令に従って、祈りをもって一つになり、辛抱強く一致し続けています。聖母マリアのそばに集い、単に受け身で神の力を授かるのを待つのではなく、自分たちの交わりを強めることでそれを得ようとしています。

最初の共同体は、一二〇人ほどの兄弟姉妹で結成されました。この中に含まれる十二という数は、十二部族を表すためイスラエルの象徴であり、イエスが十二使徒を選ばれたため教会の象徴でもあります。ですが、受難という苦難の出来事を経て、今主に従う使徒はもう十二人ではなく十一人です。使徒の一人であったユダはもういません。自責の念に苛《さいな》まれ、自らいのちを断ったのです。

ユダは主との交わりからも、他の弟子たちとの交わりからも離れ始めていました。独りで行動し、孤立し、貧しい人を口実にしてまで金銭に執着し、私欲のない自己奉献のまなざしも見失い、思い上がりという病原菌に心も考えも冒され、「友」（マタイ26・50）から敵へと、「イエスを捕らえた者たちの手引き」（使徒言行録1・16）をする者へと変わってしまうほどでした。ユダはイエスと親しくしている人の集団に属し、イエスご自身の使命に参与するすばらしい恵みを得ていたのに、ある時点から、自らのいのちを自分で「救おう」と思い上がってしまい、結果としてそれを失ってしまったのです（ルカ9・24参照）。イエスに心を尽くして従うことをやめ、イエスとその弟子との交わりから外れてしまうのです。イエスの弟子であることをやめ、師なるかたよりも上位に自分を位置づけました。イエスを売り渡し、その「不正を働いて得た報酬」で土地を買ったものの、その地は何の実も結ばず、むしろ彼自身の血で染まってしまったのです（使徒言行録1・18―19参照）。

ユダはいのちよりも死を選び（申命記30・19、シラ15・17参照）、闇のような、滅びにつながる道を歩む、神に逆らう人の例に従ったのです（箴言4・19、詩編1・6参照）。それとは逆に、十一人の弟子はいのちと恵みを選び、世代から世代へ、イスラエルの民から教会へと、歴史の中で次へとそれを伝える責任を担いました。

福音記者ルカが記しているように、十二使徒の一人の離脱を受け、共同体に傷が生じたので、だれかが彼の任務を継がなければなりません。どんな人がよいのでしょう。ペトロは必要条件を示しています。新たに使徒となる者は、最初から、つまりイエスがヨルダン川でヨハネから洗礼を受けたときから天に昇られたときまで、イエスの弟子であった者でなければなりません（使徒言行録1・21―22参照）。もう一度、十二人の集まりを作らなければなりません。このときから共同体の識別が始まります。それは、一致と交わりの観点から、神の目で現実を見ることによって行われます。

候補者は二人いました。ヨセフ・バルサバとマティアです。そこで、共同体全体が次のように祈りました。「すべての人の心をご存じである主よ、この二人のうちのどちらをお選びになったかを、お示しください。ユダが……離れてしまった、使徒としてのこの任務を継がせるためです」（同1・24―25）。くじの結果を通して主は、十一人に加わる者としてマティアをお示しになります。このようにして十二使徒の集まりが戻ります。それは交わりのしるしです。交わりは、分裂、孤立、内輪至上主義に勝るものです。使徒たちが示した最初のあかしは交わりであることを表すしるしです。イエスはこういっておられます。「互いに愛し合うならば、それによってあなたがたがわたしの弟子であることを、皆が知るようになる」（ヨハネ13・35）。

使徒言行録において十二使徒は、主のなさり方を明白に示します。彼らは、キリストの救いのわざをあかしする、信任された証言者です。自分たちの見込みでしかない完璧さを世に表すのではなく、一致の恵みを通して、ご自分の民の間にあって今や新たなかたちで生きておられるあのかたを示します。あのかたとはだれでしょうか。主イエスです。使徒たちは、復活した主の支配のもと、兄弟との一致のうちに生きることを選びます。これこそが、真の自己奉献を可能にする唯一の環境です。

わたしたちも、自分第一の態度を改め、神からのたまものの出し惜しみをやめ、凡庸に屈することなく、復活した主をあかしするすばらしさを今一度胸に刻まなければなりません。使徒団の再結束は、キリスト教共同体のＤＮＡに、自ら生じる一致と自由とがいかに内包されているかを物語っています。その一致と自由によってわたししたちは、多様性を怖れず、物事や才能に執着せずに、殉教者、すなわち歴史の中で生きて働いておられる神の輝かしいあかし人となることができるのです。

（二〇一九年六月十二日、サンピエトロ広場にて）

人間のことばに火をつけ、福音とさせるもの

「炎のような舌」（使徒言行録2・3）

愛する兄弟姉妹の皆さん、おはようございます。

主の復活から五十日後、使徒たちは期待をはるかに超える出来事を高間で体験します。高間はそのころには彼らの家となっており、主の母マリアの存在が結束のもととなっていました。祈るために――祈りはあらゆる時代の弟子たちに息を送る「肺」です。祈りのないイエスの弟子はありえません。祈らなければキリスト者ではありえません。祈りは空気であり、キリスト者が生きるための肺です――集まっていた彼らは、神の急襲に驚きます。閉ざされていることをゆるさない急襲です。そしてルーアッハ（ruah）、息吹の源を思わせる風の力によって扉を開け放ちます。こうして、復活した

主が地上を去る前に交わした「力」の約束が果たされます（使徒言行録1・8参照）。「突然、激しい風が吹いて来るような音が天から聞こえ、彼らが座っていた家中に響いた」（同2・2）。

その後、風に炎が加わります。燃える柴と、十戒の授与のあったシナイ山（出エジプト19・16―19参照）を思い起こさせる炎です。聖書の伝統では、炎は神の顕示に伴うものです。炎を通して神は、生きていて力を発揮することば（ヘブライ4・12参照）、つまり未来を切り開くことばを授けます。炎が象徴的に示しているのは、心を燃えたたせ、照らし、吟味してくださる神の働きと、人間の行いの耐久性を査定し、純化して活性化してくださる神の配慮です。ペトロが話します。シナイ山では神の声が聞かれましたが、エルサレムでの聖霊降臨では、ペトロは、キリストがご自分の教会を彼の上に築こうとお選びになった岩です。力ない、主を否定さえする彼のことばは、聖霊の炎に照らされて強くなり、心に刺さる、回心へと促すものとなります。まさに神は、強者をくじくために世の弱者を選ばれるのです（一コリント1・27参照）。

このように教会は、愛の炎から、聖霊降臨のときに燃え上がり、復活した主の聖霊に満たされたことばの力を明らかにする「炎」から生まれるのです。新しく決定的な契約は、もはや石板に刻まれた律法にではなく、すべてのものを新たにしてくださる神の霊の働きに据えられ、肉の心に刻まれています。

　使徒たちのことばは、復活した主の霊に満たされ、新たな、それまでとは異なることばとなります。ですが、あらゆる言語に同時通訳されているかのように、理解できるものです。実際に、「だれもかれも、自分の故郷のことばが話されているのを聞い」（使徒言行録2・6）たのです。それは、普遍的言語である、まことのことばと愛のことばです。読み書きのできない人も理解できるものです。だれでも、まことのことば、愛のことばは分かります。あなたが、真心をもってまっすぐな心で行くなら、愛をもって出向くならば、だれもがあなたのことを分かってくれます。話せなくても、優しく触れることによって伝わります。それは真心と愛だからです。

　聖霊は、さまざまな音を一つに結んで調和的に構成するシンフォニーを通してだけでなく、神の「偉大なわざ」への賛美の楽譜を指揮する指揮者としてもご自分を現されます。聖霊は、交わりの創造者であり、ユダヤ人とギリシア人の間の壁、奴隷と自由な人との間の壁を取り除き、彼らを一つのからだにすることのできる和解の達人です。聖霊は、からだと各部分とを一つに調和させて、信者の共同体を築いておられます。そして、教会が人間的な限界や罪やいかなる不祥事をも乗り越えられるよう支えながら、教会の成長を促しておられます。

人々はひどく驚き、なかには、あの人たちは酒に酔っているのではないかといぶかしむ人もいます。するとペトロが、すべての使徒を代表して発言し、聖霊の新たな注ぎを告げるヨエル書3章に照らしてこの出来事を振り返ります。イエスの弟子たちは、酒に酔っているのではありません。聖アンブロジオがいうところの、「聖霊の節度ある陶酔状態」（家入敏光訳、『聖アンブロシウスの賛歌』サンパウロ、二〇〇二年、一二頁）にあるのです。それが、神の民の間に、夢や展望《ヴィジョン》による預言の火をともすのです。こうした預言のたまものは、一部の人々のものではなく、主の名を呼び求めるすべての人に与えられるものです。

これ以後、このときから、神の霊は、イエス・キリストを経た救いを受けられるように人々の心を動かしておられます。人間によって十字架の木に釘づけにされたかた、神が「死の苦しみから解放」（使徒言行録、2・24）して死者のうちから復活されたかた、イエス・キリストです。賛美のポリフォニーを奏でる霊、すべての人の耳に届くその霊を注がれたのは、イエスにほかなりません。ベネディクト十六世が語ったように、「聖霊降臨とはいかなるものか。それは、イエスが、そしてイエスを通して神ご自身が、わたしたちのもとに来てくださり、ご自身のもとへとわたしたちを引き寄せてくださることです」（「聖霊降臨の主日の前晩のミサ説教（二〇〇六年六月三日）」）。神への引力は、聖霊によって発揮されます。神は、愛をもってわたしたちを魅了して、歴史を動かし、新たないのちが浸透していくような歩みが始められるよう、わたしたちを巻き込むのです。神の霊だけが、どんな状況をも、実際に人間らしく友好的にする力をもっています。それは、その霊を受け入れた人々のもとから始まります。

新たに聖霊降臨を体験できるよう、主に願いましょう。聖霊降臨は、わたしたちの心を広げ、わたしたちの思いをキリストの思いと同じにしてくれます。それによりわたしたちは、造り変える力のある神のことばをおじけることなく告げ知らせ、そのことばと出会うすべての人をいのちへと引き寄せてくださる愛の力をあかしできるようになるのです。

（二〇一九年六月十九日、サンピエトロ広場にて）

神への愛、兄弟への愛のある初期共同体

「彼らは、使徒の教え、相互の交わり、パンを裂くこと、祈ることに熱心であった」（使徒言行録２・42）

愛する兄弟姉妹の皆さん、おはようございます。

聖霊降臨――初期のキリスト教共同体に注がれた神の霊の横溢――の実りとして、大勢の人が、キリストにおける救いの喜ばしい知らせ〝ケリュグマ〟に心を貫かれたと感じ、自由意志をもってイエスに従い、回心し、イエスの名において洗礼を受け、聖霊のたまものを授かりました。およそ三千人が、信者の居場所であり、福音宣教を行う教会のパン種であるその兄弟の輪に加わりました。キリストにおける兄弟姉妹と

なった者たちの信仰の熱が、彼らの人生を神のわざの舞台にするのです。神のわざは、使徒たちによる奇跡やしるしを通して表れます。普通ではないことが通常のこととなり、日々の生活が、今も生きておられるキリストの顕現の場となるのです。

そのことについて福音記者ルカは、エルサレムの教会をすべてのキリスト教共同体の模範として、また、兄弟愛――魅力的なものであり、神話化すべきではなくとも軽視すべきでもないもの――のしるしとして示すことで、わたしたちに伝えています。使徒言行録は、初期キリスト者が神の家族として集っていた住居《ドムス》の内側を見せてくれます。交わり《コイノニア》の場、すなわちキリストにおいて兄弟姉妹である者たちの愛の交わりの場です。「彼らは、使徒の教え、相互の交わり、パンを裂くこと、祈ることに熱心であった」（使徒言行録2・42）――まさにそのように彼らが過ごしていたことが分かります。キリスト者は使徒の教え《ディダケー》に熱心に耳を傾けています。そして、霊的財産と物質的財産の共有を通してもまた、優れた人間関係を築いています。「パンを裂くこと」、すなわち感謝の祭儀を通して主を思い起こし、祈りのうちに神と対話しています。これらがキリスト者の姿勢、よいキリスト者の四つの足跡です。

他者を犠牲にしてでも己の利益を求めがちな人間社会とは異なり、信仰共同体は個人主義を退け、共有と連帯を優先します。キリスト者の魂に、利己心の居場所はありません。あなたの心が自分本位であるなら、あなたはキリスト者ではなく、自分の得、自分の益だけを求めるこの世的な人です。ルカはさらに、信者たちが皆一つになっていると伝えています（使徒言行録2・44参照）。親しくすること、一致することが、信者のスタイルです。だれかの悪口をいうのではなく、助け合い親しくする、互いを思いやる隣人です。

このように洗礼の恵みは、キリストにおいて兄弟姉妹である者の間の親密な結びつきを明らかにします。その者たちは、分かち合うようにと、他者を自分のこととして受け止めるようにと、「おのおのの必要に応じて」（同2・45）与えるよう求められています。つまり寛大さ、施し、他者への気遣い、病人への見舞い、困窮者や慰めを必要としている人のもとを訪れること、これらが求められているのです。

交わりと困窮者に心を寄せることを選び取るからこそ、この兄弟愛、教会そのものであるこの兄弟愛は、真正で正統な典礼生活を営むことができます。ルカはいいます。「（信者たちは）毎日ひたすら心を一つにして神殿に参り、家ごとに集まってパンを裂き、喜びと真心をもって一緒に食事をし、神を賛美していたので、民衆全体から好意を寄せられた」（同2・46―47）。

つまり使徒言行録は、主は共同体の成長を保証しておられるということを思い出させてくれるのです（同2・47参照）。信者が神との、そして兄弟姉妹との真正な契約を守り続けることで、多くの人を魅了し、信仰に引き寄せる引力が働きます（使徒的勧告『福音の喜び』14参照）。そしてこれが、どの時代も信仰共同体があずかっている恵みの原理です。

聖霊に祈りましょう。わたしたちの共同体が、そこに集って新たな生活を送り、連帯と交わりのわざを実践する場となりますように。そこでの典礼が神との出会いとなり、それが兄弟姉妹との交わりの場となる共同体でありますように。天上のエルサレムへの扉が開かれている場となりますように。

（二〇一九年六月二十六日、サンピエトロ広場にて）

存在を解放し、生きて働くものとするみ名

「ナザレの人イエス・キリストの名によって立ち上がり、歩きなさい」（使徒言行録3・6）

愛する兄弟姉妹の皆さん、おはようございます。

使徒言行録では、ことばだけでなく、告げている内容の真理をあかしする具体的な行動によっても福音宣教は行われています。それは、使徒たちの行為から生まれる「不思議なわざとしるし」（使徒言行録2・43）であり、彼らのことばを確かなものにし、彼らがキリストの名によって行っていることを示します。使徒が執り成しを祈るとキリストは、「彼らとともに働き、彼らの語ることばが真実であることを、それに伴うしるしによってはっきりとお示しにな」（マルコ16・20）ることで、わざを行われるの

です。使徒たちが行った多くのしるし、多くの奇跡は、イエスの神性の顕現であるのです。

今日わたしたちは、最初のいやしの物語を、使徒言行録の中の最初のいやしの物語である奇跡を前にしています。ここには、信仰を呼び起こすという明確な宣教の目的があります。ペトロとヨハネは祈るために神殿に上ります。神殿は、イスラエルの民の信仰経験の中心であり、初期のキリスト信者はまだ強くつながっています。初期キリスト信者はエルサレムの神殿で祈りをささげていました。ルカがその時刻を記録しています。第九の時刻すなわち午後三時のことで、それは、民とその神との交わりのしるしとしていけにえがささげられていた時刻であり、また、イエスが「ただ一度」（ヘブライ9・12、10・10）ご自身をささげて死を迎えた時刻でもあります。そして「美しい門」と呼ばれた神殿の門のそばで二人は物乞いを、生まれつき足の不自由な人を見ます。その人はなぜ門のそばにいたのでしょうか。モーセの律法（レビ21・18参照）は、身体の障害は何らかの罪の結果だと考え、そうした人がいけにえをささげることを禁じていたからです。生まれつき目の見えない人について、人々がイエスに尋ねたときのことを思い出してみましょう。「この人が生まれつき目が見えないのは、だれが罪を犯したからですか。本人ですか。それとも、両親ですか」（ヨハネ9・2）。こうした考えによるならば、身体障害の原因はすべて罪だということになります。そのため、彼らは神殿に入ることさえできないのです。社会から疎外され拒絶された大勢の人の典型であるこの足の不自由な人は、ふだんどおりその場所で物乞いをしています。中に入れず、門のところにいます。すると思いもよらないことが起こります。ペトロとヨハネがやって来て、その人と視線が熱く交差します。足の不自由な人は施しを請うために二人を見上げ、一方使徒たちはその人をじっと見つめ、別の贈り物を受けるために、今とは異なる態度で自分たちを見るよう促します。足の不自由な人が二人を見ていると、ペトロは彼にいいます。「わたしには金や銀はないが、もっているものをあげよう。ナザレの人イエス・キリストの名によって立ち上がり、歩きなさい」（使徒言行録3・6）。使徒たちは一つのかかわりを築きました。それこそが、神が強く願っておられるご自分の示し方だからです。かかわりを通して、必ず対話を通して、必ず姿を現して、必ず人々の心に刺激を与えることで、ご自分をお示しになりたいのです。それが、神のわたしたちとの関係なのです。愛によってのみ起こりうる、人と人との真の出会いを通してなのです。

神殿は、宗教上の中心であるだけでなく、経済や金融取引の場でもありました。この堕落については、預言者たちもイエスご自身もしばしば非難していました（ルカ19・

45―46参照）。秘跡よりもお金のことを重視している小教区を見るにつけ、幾度このことを考えたか。お願いします。貧しい教会――それを主に願い求めましょう。この物乞いが使徒たちに出会って得たものは、お金ではなく、自分を救ってくださるかたの名前でした。ナザレのイエス・キリストです。ペトロはイエスの名を呼んで祈り、生きている者として立ち上がるよう足の不自由な人に命じます。両足で立つように、障害を負ったその人に触れる、つまり手を取って立ち上がらせます。それは、聖ヨハネ・クリゾストモが「復活の姿」（『使徒言行録教話』8）だとする動作です。そこに表れているのは、困窮している人に気づき、目を背けず、壁ではなく友情と連帯の架け橋となる大切なつながりを築くべく、人間を見つめるすべを知る教会の肖像です。「国境をもたない教会、すべての者の母である教会」（使徒的勧告『福音の喜び』210）、責めるのではなく、手を取って立ち上がれるようにそばで支えることのできる教会の顔です。人々がいやされ、幸せになり、神と出会えるようにと、イエスはいつも手を差し伸べ、立ち上がらせてくださいます。それが、「同伴する技術」であり、それは、「他者という聖なる土地」に近づき、「尊敬といつくしみ、また同時にキリスト教生活をはぐくむためのいやしと解放と励ましを与えるまなざしを注ぎながら、そばにいることを感じさせるいやしの歩調で歩」（同169）む道で携えるべき繊細さを特徴としています。それこそが、二人の使徒が足の不自由な人にしたことです。その人を見て、「わたしたちを見なさい」といい、手を差し伸べ、立ち上がらせ、いやします。それはイエスがわたしたち皆にしておられることです。つらいとき、罪の中にあるとき、悲しいときには、それを思いましょう。「わたしを見なさい。わたしはここにいる」といっておられるイエスがいます。イエスの手を取り、イエスに助け起こしていただきましょう。

ペトロとヨハネは、富――役立つものでもありますが――ではなく、復活した主との結びつきである、まことの財産に信を置くよう教えています。わたしたちはまさに、聖パウロがいうように、「貧しいようで、多くの人を富ませ、無一物のようで、すべてのものを所有しています」（二コリント6・10）。わたしたちのすべてが福音であり、奇跡を行うイエスの名の力を明らかにしているのです。

それではわたしたちは、わたしたち一人ひとりは、何をもっているのでしょうか。わたしたちの富は何でしょうか。わたしたちの宝は何なのでしょうか。何をもって他者を豊かにできるのでしょうか。わたしたちの人生における神の愛の恵みを思い起こすための感謝の記憶というたまものを、すべての人に賛美と感謝をあかしするために、御父に願い求めなければなりません。忘れてはなりません。他者が立ち上がるのを助けるために、いつでも差し伸べられている手を。それは、わたしたちの手を通して人が立ち上がるのを助けておられる、イエスの手なのです。

（二〇一九年八月七日、パウロ六世ホールにて）

信者の共同体の余すところのない交わり

「すべてを共有していた」（使徒言行録4・32）

愛する兄弟姉妹の皆さん、おはようございます。

キリスト者の共同体は、あふれるほどの聖霊の注ぎから生まれ、キリストにおける兄弟姉妹の間の分かち合いというパン種によってはぐくまれます。そこには、神の家族である教会を築く、連帯のダイナミズムがあります。その中心は交わり《コイノニア》の体験です。この聞き慣れないことばは、何を意味しているのでしょうか。それは、「共有すること」「共同すること」、個々別々でいるのではなく、共同体であることを意味するギリシア語です。これこそ、初期キリスト教共同体が経験していたことです。つまり共同すること、交わりを断つのではなく、「ともにすること」「一緒にすること、かかわること」です。初期の教会においては、このコイノニア、この共同体はまず、キリストのからだと血にあずかることを指します。だからわたしたちは聖体拝領を「コムニオ」といい、それによってイエスとの交わりに加わるのです。そしてイエスとのこの交わりから、わたしたちは兄弟姉妹との交わりに至るのです。ミサにおけるキリストのからだと血との交わり（拝領）は、兄弟姉妹との一致へと移行し、それによってわたしたちにとってもっとも難しいこと、つまり、財産を共有し、エルサレムの母教会（ローマ12・13、二コリント8～9章参照）と他の教会のために献金を集めるようになるのです。自分がよいキリスト者であるかを知りたければ、祈らなければなりません。そして、和解の秘跡である聖体拝領にあずからなければなりません。ですが自分が回心しているかどうかを表すしるしは、回心が自分の懐《ふところ》を痛めるところにまで至るかどうか、つまり自分がどれほど損ができるかなのです。それは、他者に対して寛大になれるかどうか、もっとも弱い人、もっとも貧しい人を助けられるかどうかにかかっています。回心がそこにまで及ぶなら、それは間違いなく真の回心でしょう。ことばだけでは、十分な回心とはいえません。

パンを裂くこと、祈ること、使徒の教え、相互の交わり（使徒言行録2・42参照）が信者を、使徒言行録に記されているように、「心も思いも一つにし」、持ち物を自分のものだといわずに、すべてを共有する（同４・32参照）人の群れとするのです。これは、出し惜しみしない寛大な者としての生き方の力強い模範です。だから、「信者の中には、一人も貧しい人がいなかった。土地や家を持っている人が皆、それを売っては代金を持ち寄り、使徒たちの足もとに置き、その金は必要に応じて、おのおのに分配されたからである」（同４・34―35）、とあるのです。教会には、過剰にもっているものや不必要なものを手放して困窮している人に差し出すという、キリスト者の活動がつねにあります。お金だけでなく時間もです。どれほど多くのキリスト者が――ここイタリアの皆さんも――ボランティアで働いていることでしょう。すばらしいことです。それが交わりです。困っている人を助けるために、自分の時間を分け与えることです。ですからボランティア活動、慈善活動、病者への訪問を行いましょう。人は必ず他者に分け与えなければなりません。自分の利益だけを追求してはなりません。

共同体、コイノニアは、こうして主の弟子の間の新しい人間関係のあり方となります。キリスト者は仲間内での新たなあり方、態度を経験します。キリスト者にしか見られない特有の様相であったため、異邦人がキリスト者を見て、「ごらんなさい、彼らはあんなに愛し合っている」といったほどでした。愛とは様態です。ですが、ことばでの愛でもなければ、うわべだけの愛でもなく、行為となる愛、相互の助け合いの愛、実践の愛、愛は具体的なのです。キリストとのきずなによって、兄弟姉妹の間の一致のきずなが築かれ、それは物資の共有にも表れるようになります。そうです。このようなともにいるあり方、懐を痛めるに至るまでの相互愛のあり方によっても、人は余分なお金を他者に与えるために投げ出し、自分の得を捨てるのです。キリストのからだの一部となることで、信者は互いに共同責任を担うことになります。イエスを信じる者であることは、わたしたち皆を、互いに共同の責任を担う者とします。「ねえあの人、何か困っているみたい。でもわたしには関係ないな。本人の問題だよね」。そうではありません。キリスト者どうしで、「かわいそうな人。家庭に問題を抱えているのね。でも家族の問題は本人が乗り越えないとね」などといってはなりません。そうではないのです。「あの人のために祈らなくては。わたし自身の問題として受け止めないと。無視してはいけない」、こうあってほしいのです。これがキリスト者というものです。だから強い者が強くない者を支え（ローマ15・1参照）、人間の尊厳を卑しめ傷つけるほどの貧困を味わうことのないようにするのです。どちらも、同じ共同体に生きているからです。それは、心を一つにしているということです。愛し合っているのです。具体的な愛、これこそがそのしるしです。

ヤコブとペトロとヨハネという、エルサレムの教会の「柱」であった三人の使徒は共同で、自分たちはユダヤ人に福音を説き、パウロとバルナバが異邦人に福音を伝えることを決めました。そしてただ一つ、パウロとバルナバに条件を課しました。それは、貧しい人たちのことを忘れない、貧しい人を心に留めるということです（ガラテヤ2・9―10参照）。物質的に貧しい人だけでなく、霊的に貧しい人、つまり、問題を抱え、わたしたちの寄り添いを必要としている人々もです。キリスト者はつねに自分自身から、自分の心から離れ、イエスが自分に近づいてくださるように他者に近づくのです。これが、初期のキリスト教共同体の姿でした。

財産の分かち合いと共有の具体例は、バルナバのあかしに見ることができます。バルナバは所有していた畑を売り、その代金を使徒たちに差し出しました（使徒言行録4・36―37参照）。こうした模範的な例がある一方、残念なことによくない例もあります。アナニアと妻サフィラは土地を売りますが、利益の一部だけを使徒たちに差し出し、残りを自分たちのために取っておくことにしました（同5・1―2参照）。この欺きは、無償で分かち合うこと、隠し立てせずに私利私欲なく分かち合うというきずなを断ち切っていて、その結果は悲劇的です。二人とも死んでしまうのです（同5・5、10）。使徒ペトロはアナニアとその妻の欺きを暴き、二人にいいます。「なぜ、あなたはサタンに心を奪われ、聖霊を欺いて、土地の代金をごまかしたのか。……あなたは人間を欺いたのではなく、神を欺いたのだ」（同5・3―4）。アナニアが神を欺いたのは、孤立した道義心、偽善的道義心のためだといえます。すなわち「折衷的で」、部分的、ご都合主義的な教会帰属だったのです。キリスト者のこの共同体にとって、キリスト者のこの愛にとって、偽善は最大の敵です。それは、愛し合うふりをして、自分の得だけを求めることです。

真剣な共有に欠ける、つまり誠実な愛の欠如は、偽善の助長、真理からの隔たり、自己中心化、交わりの炎の消失、冷たい内的な死への投身を意味します。このような姿勢をもつ人は、観光客のように教会の中を素通りします。教会内に入っては来ても、決して教会には属さない観光客は大勢います。カタコンベを観光する客にすぎないのに、自分たちもキリスト者だと信じ込ませる精神的観光です。それではいけません。わたしたちは教会の観光客ではなく、互いに兄弟姉妹とならなければなりません。他者を犠牲にして利益を得、優位に立とうとすることだけを基盤とする人生は、必ず内的な死に至ります。自分は教会に通い詰めているとか、司祭の友達だとか、司教と親しいなどといいながら、自分の得だけを求めている人がどれほど多いことでしょう。彼らは教会を破壊する偽善者です。

わたしたち皆のために主に願い求めます。主が、ご自分の優しさの霊をわたしたちに注いでくださいますように。偽善をことごとく打ち砕き、キリスト者の連帯をはぐくむ真理を広めてくださる霊です。キリスト者の連帯とは、社会の援助活動などではなく、すべての人の母、なかでも貧しい人の優しい母である教会の本質にとって、決して切り離すことのできない表現なのです。

（二〇一九年八月二十一日、パウロ六世ホールにて）

復活したかたの第一のあかし人であるペトロ

「ペトロが通りかかるとき……」（使徒言行録5・15）

愛する兄弟姉妹の皆さん、おはようございます。

使徒言行録で描かれる教会共同体は、主が与えてくださる多くの富——主は寛大ですから——によって生かされ、外からの攻撃にもかかわらず、信者数を増やし大きく広がって、大成功を収めます。その勢いを表すためにルカは、信者が集う場である、ソロモンの回廊（5・12参照）のような要所を使徒言行録の中に記しています。回廊（柱廊）は屋外の通廊ですが、屋根があり、人の行き交う人目の多い場所です。ルカは、使徒たちが教えることとともに行ったしるしや奇跡と、彼らがとりわけ献身した病者の世話を詳細に語っています。

使徒言行録5章では、生まれたばかりの教会が、もっとも弱い人々、つまり病者を受け入れる「野戦病院」として描かれています。彼らの苦しみが、ペトロが足の不自由な人に語ったように「金や銀はない」（同3・6）ものの、イエスの名によって力ある者となっている使徒たちを引き寄せたのです。使徒たちから見れば、そしてあらゆる時代の信者から見ても、病者は神の国の福音の優先的受け手であり、キリストがご自分をわたしたち皆に探し見いだせるよう、特別なしかたでそこに現存しておられる兄弟姉妹です（マタイ25・36、40参照）。教会にとって、司祭の心にとって、そしてすべての信者にとって、病者は特別に優遇すべき人々です。彼らは見捨てられるべきではなく、むしろ手当てを受け、看護されるべき存在です。キリスト者が関心を向けるべき相手なのです。

ペトロは使徒の中で目立つ存在です。筆頭であり（マタイ16・18参照）、復活した主から使命を授かった（ヨハネ21・15―17参照）という理由から、使徒集団での不動の地位を得ています。聖霊降臨の日にケリュグマを説き始め（使徒言行録2・14―41参照）、エルサレムの会議で指導的な役割を果たすのは（同15章、ガラテヤ2・1―10参照）、ペトロにほかなりません。

ペトロはイエスがなさったように、担架に近づき、病者の間を歩き、その身に患いと病を負っています（マタイ8・17、イザヤ53・4参照）。ガリラヤの漁師ペトロが歩いてはいても、彼はそこに別のかたが現れるようにします。生きて働いておられるキリストです。あかし人とはまさに、ことばとその身をもってキリストを表す人であり、歴史の中で受肉したみことばであるかたの体現者、継承者です。

ペトロは師であるかたのわざ（ヨハネ14・12参照）を行う人です。信仰のうちにペトロを見つめる人は、キリストご自身を見ているのです。ペトロは主の霊に満たされているので、そばを通るだけで何かをなさずとも、その影は復活されたかたの「愛撫」、いやし、救いのメッセージ、あふれる優しさとなるのです。復活されたかたは、病者の前に身をかがめ、いのちと救いと尊厳を取り戻してくださるかたです。このようにして神は、ご自身が寄り添っておられることを現前させ、ご自分の子らの傷を「ご自分の優しさが示される神学的な場」（「サンタマルタ館での朝の黙想（二〇一七年十二月十四日）」）となさいます。患者の傷の中には、人生の歩みを妨げる病の中には、必ずイエスの存在が、イエスの傷があります。彼らを世話し、支え、いやすよう、わたしたち一人ひとりに呼びかけるイエスがそこにおられるのです。

ペトロによるいやしのわざにより憎しみとねたみに燃えたサドカイ派の人々は、使徒たちを牢に入れます。そして使徒たちの不思議な解放のわざに動揺し、教えることを禁じました。彼らは、魔術ではなくイエスの名によって使徒たちが行う奇跡を目の当たりにしますが、そのことを受け入れようとせず、使徒たちを牢に入れて鞭《むち》で打ちます。その後、使徒たちは奇跡的に助け出されますが、サドカイ派の人々の心はあまりにもかたくななので、目にしたことを信じようとはしませんでした。そこでペトロは、キリスト者の生活の鍵となることばで応じます。「人間に従うよりも、神に従わなくてはなりません」（使徒言行録5・29）。彼らサドカイ派の人々が「そのようなことを続けてはならない。いやしてはならない」というので、「人間よりも、神に従います」という、キリスト者としての大切な答えで応じたのです。それが意味しているのは、ためらうことなく、遅れることなく、打算なしに、神に耳を傾けるということです。神と、そしてまた道中で出会う人々と固いきずなを結べるよう、主に従うということです。

わたしたちもまた、聖霊に願い求めましょう。わたしたちに黙るよう命じる人、中傷する人、さらにはいのちを脅かす人の前でも、おののかずにいられる力をお与えくださいい。わたしたちの傍らで優しく慰めておられる主の存在を確信できるよう、わたしたちを内的に強めてください。

（二〇一九年八月二十八日、サンピエトロ広場にて）

賢人ガマリエルの提案した識別の基準

「もしかしたら、諸君は神に逆らう者となるかもしれないのだ」（使徒言行録5・39）

愛する兄弟姉妹の皆さん、おはようございます。

使徒言行録に関する連続講話を続けましょう。キリストの名において教えることをユダヤ人たちから禁じられたペトロと使徒たちは、世界における福音の歩みを阻もうとする人々に従うことはできないと、勇気をもって答えます。

このように十二使徒は、すべての人にその思いを抱いてほしいと願うようになる、あの「信仰による従順」をもっていることを示しています（ローマ1・5参照）。聖霊降臨以来、彼らはもはや、「単独でいる」人ではありません。彼らはその特別な相互作用を経験することで、自分を中心にするのをやめ、「わたしたちと聖霊」（使徒言行録5・32参照）、あるいは「聖霊とわたしたち」（同15・28参照）というようになります。彼らは、「わたしは」という単数形の言い回しはできないと感じている、自分を中心とすることを捨てた者たちです。このきずなに強められているので、使徒たちはだれの脅しにも屈しません。途方もない勇気に満ちています。彼らがかつては臆病だったのを思い出してください。イエスが捕らえられると、彼らは全員逃げ出しました。ところが、臆病者が勇敢な人に大変身しました。なぜでしょうか。聖霊がともにおられるからです。同じことがわたしたちにも起こります。もしわたしたちの内に聖霊がおられるなら、前に進む勇気、たくさんの格闘に打ち勝つ勇気を得るでしょう。それは、わたしたちの力ではなく、わたしたちとともにいてくださる聖霊によるものなのです。使徒たちは、現代も含め、あらゆる時代の殉教者同様、復活したイエスを勇敢にあかしする者の行進を後退させません。殉教者はいのちを差し出し、自分がキリスト者であることを隠しません。数年前のことを思い出してみましょう。今も多くの殉教者がいますが、四年前リビアの海岸で、普通の労働者に過ぎなかったコプト正教会の信者たちが斬首されました。彼らの最後のことばは、「イエス、イエス」でした。彼らは信仰を投げ売りしませんでした。彼らとともに聖霊がおられたからです。彼らは現代の殉教者です。使徒たちは、救いをもたらすみことばを躊躇なく迅速に伝え広めるために、復活した主によって遣わされた聖霊の「メガホン」なのです。

そして事実、その決意はユダヤの「宗教組織」を震撼させます。彼らは脅威を感じ、暴力と死刑で応じます。キリスト者の迫害はいつでも同じです。キリスト教を望まない人々が脅威を感じ、キリスト者に死を課すのです。ところが最高法院の中に、仲間たちの動きを抑えようとした、一人のファリサイ派の異なる声が響きます。ガマリエルという名の思慮深い人で、「民衆全体から尊敬されている律法の教師」でした。この人のもとで、聖パウロは「先祖の律法」(同22・3)を学んでいます。そのガマリエルが発言し、習慣にはない状況について、識別法をいかに用いるかを兄弟たちに説きます。

この人は、メシアを詐称していた幾人かの例を挙げることで、人間によるもくろみは初めは支持されても後には必ず自滅するが、天の国からの、神の「署名」つきのものは、どれも永続が定められていると実証します。人間のもくろみは必ず滅びます。それらには、わたしたちと同じく時限があるのです。さまざまな政策について考えてみてください。そしてどの国であろうと、それが右へ左へと入れ替わってきたさまを考えてみてください。かつての大帝国を、前世紀の独裁政権を思い浮かべてみてください。自分たちを強大だと思い込み、世界支配を思い描いていました。そうして結局、どれも滅びました。今日の、現代の権力についても考えみてください。そこに神がともにおられなければ、それは自滅するでしょう。人間の手にする力は、いつかは終わるからです。神の力だけが永続するのです。キリスト教の歴史のこと、教会史を考えてみてください。二千年の間には、それはそれは多くの罪、多くの不祥事、たくさんの悪事がありました。それでもなぜ崩壊しないのでしょうか。神がそこにおられるからです。わたしたちも罪人であり、たびたび恥ずべき事をやらかします。それでも神がわたしたちとともにいてくださいます。だから神はまずわたしたちを救ってくださり、それによって他の人々を救ってくださいます。ともかく必ず、主は救ってくださるのです。力とは、「神がわたしたちとともにおられる」ことです。ガマリエルは、メシアになりすましていた人物を複数挙げることで、人間によるもくろみは何であれ、最初は人々に歓迎されてもいずれ自滅することを説きます。そうしてガマリエルは、もしナザレのイエスの弟子たちが、ぺてん師を信じているなら自滅するだろうし、もし神から来たかたに従っているなら彼らとは争わないほうがよいといって締めくくり、こう警告します。「もしかしたら、諸君は神に逆らう者となるかもしれないのだ」（使徒言行録5・39）。それはわたしたちに、識別の方法を教えるものです。

このことばは、冷静に未来を見据えたものであり、キリストの出来事を新しい光のもとに見られるようにしてくれます。また、実で木を見分けるよう招いているのです（マタイ7・16参照）、「福音をかぎ分ける」ための根拠をも示しています。これが心を動かし、ハッピーエンドを引き出します。最高法院の他のメンバーが彼の助言に従って、使徒たちを殺す極刑の提案を取り下げたのです。

わたしたちの内にいて働いてくださるよう聖霊に願いましょう。個人としても共同体としても、識別の習性を身に着けることができますように。また、わたしたちの時代と、わたしたちの周りの人々の顔に見られる、神が通られるしるしを通して、救いの歴史の唯一性をいつでも知ることができるよう、聖霊に願いましょう。時代、そして人間の顔は、生きておられる神を伝えてくれるものであると、覚えることができますように。

（二〇一九年九月十八日、サンピエトロ広場にて）

ステファノ――助祭にして殉教者

「聖霊に満たされ」（使徒言行録7・55）

愛する兄弟姉妹の皆さん、おはようございます。

使徒言行録を通して旅を続けましょう。世界を巡る福音の旅です。聖ルカは実にリアルに、その旅の実りと、キリスト教共同体での諸問題と、その双方を記しています。教会は当初から、たえず問題を抱えていました。どうしたら教会内に同居する相違を、衝突や対立を生じさせずに和合できるでしょうか。

その共同体はユダヤ人だけでなく、ギリシア人も受け入れています。彼らはディアスポラの民（離散した者たち）で、ユダヤ教徒ではなく、独自の文化と感性をもち、違う宗教をもっていました。今日、「異教徒」と呼んでいる人々です。そうした人々も受け入れられました。このように異なるものが同居しているがゆえに、脆弱で不安定な均衡にならざるをえませんでした。困難があると「毒麦」が生じますが、共同体をだめにする最悪の毒麦とは何でしょうか。不平という毒麦、うわさ話という毒麦です。ギリシア語を話す者たちは、仲間のやもめたちが共同体の中で軽んじられていると不平をいいます。

使徒たちは、苦情の十分な検討と問題解決への協力によって行われる、識別のプロセスを始めます。教会のからだ全体の平穏な成長のため、また、福音の「歩み」と貧しい成員への配慮の両方をおろそかにしないため、さまざまな任務を分担することに解決策を見いだします。

使徒たちは、自分たちの主たる使命は、祈ることと神のことばを伝えることだと、いっそうはっきり自覚します。祈ること、そして福音宣教です。だから彼らは、「霊と知恵に満ちた評判のよい人を七人」（使徒言行録6・3）選んで核に据えることで問題を解決します。按手を受けた後、食卓の世話をする人々です。彼らはその目的のため、奉仕のために任命された助祭たちです。教会において助祭は、第二の司祭ではありません。まったく異なる存在です。祭壇のためではなく、奉仕のための存在です。助祭は、教会における奉仕の守り人です。助祭が祭壇での職務にあまりにもこだわるのは間違いです。それは彼の道ではありません。みことばへの奉仕と愛のわざへの奉仕、両者の間の調和は、教会のからだを成長させるパン種を表しています。

こうして使徒たちは七人の助祭を任命しますが、七人の「助祭《パレーシア》」の中でも、ステファノとフィリポが傑出しています。ステファノは力強く大胆に福音を説くものの、彼の教えは徹底して拒まれます。ステファノを断念させる方法が見つからず、相手側は何をしたでしょう。人を終わらせる、最悪の方法をとります。中傷や偽証です。中傷はいつだって抹殺につながることをわたしたちは知っています。この「悪魔のような癌《がん》」は、人の評判を台なしにしようとする意図から生じるもので、教会のからだに属する他の部分をも攻撃して深刻な害を与えます。人々があさましい目的のために、あるいは自分の落ち度を隠すために、結託してだれかを侮辱するときにそうなるのです。

最高法院に引いて行かれ、偽証した者たちによって訴えられると――彼らは、捏造《ねつぞう》と中傷によってイエスにも同じことをし、また、すべての殉教者に対しても同じことをするようになります――、ステファノは申し開きのために、キリストを中心とした聖なる歴史をあらためて読み上げます。死んで復活したイエスの過越こそが、契約の物語全体の鍵です。神からのたまものをあふれるほど受けステファノは、預言者とキリストご自身に対して行われた偽善を毅然として非難します。そして「いったい、あなたがたの先祖が迫害しなかった預言者が、一人でもいたでしょうか。彼らは、正しいかたが来られることを預言した人々を殺しました。そして今や、あなたがたがそのかたを裏切る者、殺す者となった」（同7・52）といって、歴史を思い出させます。彼は決してことばを濁さず、はっきりと語り、真理を伝えます。

するると、傍聴人たちは激しく怒り、ステファノは石打ちによる死刑を言い渡されます。にもかかわらず彼は、キリストの弟子の真の「素質」を表します。言い逃れはせず、自分を助けてくれそうな要人に働きかけることもせずに、自らのいのちを主のみ手にゆだねます。その際の彼の祈りはすばらしいものです。「主イエスよ、わたしの霊をお受けください」（同7・59）。そして、「主よ、この罪を彼らに負わせないでください」（同7・60）といって人々をゆるしながら、神の子として死んでいきます。

ステファノのこのことばは、神の子としてのわたしたちの身分は美辞麗句によって明らかにされるのではなく、自分のいのちを御父の手にゆだね、自分を傷つけた人をゆるすことのみが、信仰の質を真に表すのだということを教えてくれます。

今日では、教会が生まれたころよりも多くの殉教者がおり、殉教者はあらゆるところにいます。現代の教会は殉教者であふれており、「新しいキリスト教徒の種子」（テルトゥリアヌス『護教論』*Apologeticum*, 50, 13［鈴木一郎訳、『キリスト教著作集14　テルトゥリアヌス2』教文館、一九八七年、一一八頁参照」）となる彼らの血で潤され、神の民の広がりと実りを確かなものにしています。殉教者は「聖者」であるだけでなく、ヨハネの黙示録に記されているように、「その衣を小羊の血で洗って白くした」（7・14）生身の人間です。彼らこそ、真の勝者なのです。

わたしたちもまた、主に願い求めましょう。過去と現在の殉教者を見つめることで、人生を完全に生きるすべを身に着け、福音に対する日々の忠実でありキリストに従うことである、殉教を受け入れられますように。

（二〇一九年九月二十五日、サンピエトロ広場にて）

フィリポ、そして新しい道を行く福音の歩み

「イエスについて福音を告げ知らせた」（使徒言行録8・35）

愛する兄弟姉妹の皆さん、おはようございます。

ステファノの殉教後、「エルサレムの教会に対して大迫害」（使徒言行録8・1）が起こったため、神のことばの「歩み」は遮られたかのようでした。その後、使徒たちはエルサレムにとどまったものの、キリスト者の多くはユダヤやサマリアといった地方に散ってしまいます。

使徒言行録によれば、迫害は弟子たちの生活の日常だったようです。それは、イエスがいわれたとおりのことでした。「人々がわたしを迫害したのであれば、あなたが

たをも迫害するだろう」（ヨハネ15・20）。けれども、迫害は福音宣教の火を消すどころか、むしろ燃え立たせるのです。

先ほどわたしたちは、助祭フィリポが何をしたかを聞きました。サマリアの村々で彼が福音を伝え始めると、みことばの告知に伴う多くの解放といやしのしるしが現れます。このとき聖霊は、福音の旅の新たな行程を告げます。神に心を開く異邦人のもとに行くようフィリポを駆り立てるのです。フィリポは腰を上げ、熱い心で出発します。そして、人けのない危険な道で、エチオピアの女王の高官であり、女王の全財産を管理する人と出会います。宦官《かんがん》であったこの人は、エルサレムに礼拝に来て帰国する途中でした。彼はエチオピアの宗教からユダヤ教への改宗者でした。馬車の中で預言者イザヤの書、それも「主のしもべ」の第四の歌を朗読しています。

フィリポは馬車に近づき、「読んでいることがお分かりになりますか」（使徒言行録8・30）と尋ねます。そのエチオピア人は、「手引きしてくれる人がなければ、どうして分かりましょう」（同31節）と答えます。権力あるこの人は、神のことばを理解するには、手引きしてもらう必要があると自覚しています。彼は大銀行家であり財務大臣であって、国の財産について全権を握る人でしたが、説明してもらわなければ自分では理解できないことを知っていました。謙虚だったのです。

フィリポとこのエチオピア人との対話は、聖書を読むだけでは十分ではないということも、わたしたちに考えさせます。意味を理解し、「表皮」を突き破り、「果汁」を手にし、文字を息づかせる霊からくまなければなりません。教皇ベネディクト十六世は、神のことばに関する世界代表司教会議《シノドス》の開会にあたり次のように述べました。「聖書を解釈すること、真に理解することとは、文芸学上の事象であるばかりか、……わが存在の心の動きなのです」（「シノドス会期中の三時課での少講話（二〇〇八年十月六日）」）。神のことばを理解するということは、御父の生きたみことばであられるキリストに出会い、そのかたに形づくられるために、自分の境界線から出ようという思いを得ることなのです。

　では、エチオピア人が読んでいた箇所の主人公とはどんな人でしょうか。フィリポは、対話の相手に解釈の鍵を与えます。それは、苦しみを受けても逆らうことをせず、悪に対し悪で応じることをしないしもべです。敗北者、役立たずとみなされ、最後には殺されても、人々を悪から解放し、神のために実を結ぶしもべです。これはまさしくキリストのこと、フィリポと全教会が告げ知らせているかたのことです。過越によって、わたしたちすべてをあがなってくださったかたです。エチオピア人は最後にはキリストのことだと理解して洗礼を望み、主イエスへの信仰を表明します。これはとても美しい物語ですが、人けのない場所まで出向いてこの人に出会うようフィリポを突き動かしたのはだれなのでしょう。どなたが、馬車に近づくようフィリポを仕向けたのでしょうか。それは聖霊です。聖霊こそが福音宣教の主人公です。「神父様、わたし、宣教に行きます」。「そうですか。何をするのですか」。「このわたしが福音を知らせ、イエスが何者かを伝えます。イエスは神であると、わたしが人々を説き伏せるつもりです」。ねえあなた、それは福音宣教ではありません。聖霊がおられなければ、福音宣教はありません。熱心な勧誘、宣伝と同じです。福音宣教とはむしろ、聖霊に導かれるようにすることです。告げるようにあなたを突き動かすかた、あかしをもって、殉教すら伴って、またことばによっても、告げ知らせるようあなたを突き動かすかたは聖霊なのです。

エチオピア人に復活したかたとの出会いをもたらした後——あの預言を理解したのですから、エチオピア人は復活したイエスと出会ったのです——、フィリポは姿を消します。聖霊がフィリポを連れ去り、また別のところに遣わしたのです。先ほど、福音宣教の主人公は聖霊だと話しましたが、ではあなたがキリスト者であること、信者であること、福音宣教者であることのしるしとは何でしょうか。それは喜びです。殉教においてもそうです。だからフィリポは、福音を告げ知らせるために喜んでどこにでも向かったのです。

聖霊が、洗礼を受けた人を導いてくださいますように。自分にではなくキリストに引き寄せるために、福音を告げ知らせる者となりますように。神のわざの働く場を用意するすべを身に着けた者となれますように。他者を解放し、主の前で責務を覚える人になるよう導くすべを知ることができますように。

（二〇一九年十月二日、サンピエトロ広場にて）

迫害者から福音宣教者となるサウロ

「わたしの名を伝えるために、わたしが選んだ器」（使徒言行録9・15）

愛する兄弟姉妹の皆さん、おはようございます。

ペトロと並び称される、使徒言行録の中でもっとも存在感のある重要人物が、ステファノの石打ちの刑の場面から登場します。「サウロという若者」（使徒言行録7・58）です。彼は当初、ステファノの死刑に賛同する、教会を荒らそうとする人物として描かれています（同8・3参照）。ところがその後、諸国の民に福音を告げ知らせるために神から選ばれた器となるのです（同9・15、22・21、26・17参照）。

サウロは大祭司の公認のもと、キリスト者を見つけ出しては捕らえています。独裁政権下で迫害されたことのある国の皆さんは、人狩りと逮捕がどういうものか、よくお分かりかと思います。まさにそれが、サウロのしていたことです。しかも当人は、主の律法のために尽くしていると信じて行動していたのです。サウロは「主の弟子たちを脅迫し、殺そうと意気込んで」（同9・1）いたと、福音記者ルカは記しています。彼の呼気は、いのちの香りではなく、死の匂いを放っていました。

サウロ青年は、強硬派、つまり自分とは異なる考えの持ち主に不寛容な人物として描かれています。彼は自らの政治的、宗教的なアイデンティティを絶対視し、それとは異なる人々を、戦う相手となる潜在的な敵対者にします。イデオローグです。サウロにおいては、宗教はイデオロギーと化していました。宗教的イデオロギー、社会的イデオロギー、政治的イデオロギーです。キリストによって変えられた後に初めて、彼はこう教えるようになります。真の戦いは「血肉を相手にするものではなく、……暗闇の世界の支配者、……悪の諸霊を相手にするものなのです」（エフェソ6・12）。戦う相手は人ではなく、その人の行いを誘発している悪魔だと教えるようになるのです。

サウロの激高――サウロは激しく怒っていました――と闘争心に燃えた状態は、わたしたち一人ひとりに振り返りを促します。自分はどんな信仰生活を送っているだろうか。他者と向き合おうとしているだろうか。それともけんか腰だろうか。普遍の

（善人も悪人も、すべての人をあまねく抱く）教会に属しているのだろうか。それとも選民的なイデオロギーに陥ってはいないだろうか。神をあがめているのか、教義的定式文をあがめているのか。自分の信仰生活はどのようなものだろうか。自身が告白する神への信仰は、自分とは異なる人に自分を友好的にしているのか、敵対させているのか。

ルカが記しているように、サウロがキリスト教共同体を根絶やしにしようと必死になっていたとき、主が彼の行く道に現れ、その心に触れ、ご自分のほうに向けさせます。心に触れる――これこそ主のなさり方です。復活した主が率先して行動し、ダマスコへの途上のサウルにご自身を現されます。これは、使徒言行録で三回語られる出来事です（使徒言行録9・3―19、22・3―21、26・4―23参照）。神の顕現の型である「光」と「声」の二つを通して、復活した主はサウロに現れ、兄弟を殺すほどの激高について尋ねます。「サウル、サウル、なぜ、わたしを迫害するのか」（同9・4）。ここで、復活した主は、ご自分の存在が、ご自分を信じる人々とともにあることを明らかになさいます。教会の仲間を打つことは、キリストを打つことです。イデオロギーに固執する人もそうです。教会が〝清らかである〟――あえて引用符を付けます――よう欲して、キリストを打っているからです。

サウロに、「起きて町に入れ。そうすれば、あなたのなすべきことが知らされる」（同9・6）というイエスの声が届きます。サウロは一度起き上がるものの、何も見えない状態です。目が見えなくなったのです。力と権威と自立の者であったのに、弱く、助けの必要な、他者に頼る者に変わるのです。視力を奪われたからです。キリストの光で目をやられ、目が見えなくなったのです。「こうしてサウロの内面の現実が外的な形で示されました。サウロは真理を、すなわち光であるキリストを見ることができませんでした」（教皇ベネディクト十六世「聖パウロについての一般謁見連続講話（二〇〇八年九月三日）」『ペトロ文庫『聖パウロ』三三頁』）。

復活した主とサウロとのこうした「身体と身体の触れ合い」から、サウロ「自身の過越」を示す変化が始まります。死からいのちへと渡る彼自身の過越です。かつて輝かしかったものが「塵《ちり》あくた」となり、キリスト、そしてキリストにおけるいのちという真に価値あるものを得るために、それらを退けるようになるのです（フィリピ3・7―8参照）。

パウロは洗礼を受けます。洗礼は、わたしたちそれぞれにとってそうであったように、サウロにとっても新しいいのちの始まりです。そしてそれに伴い、神を、自分自身を、他者を、新しい見方で見つめるようになります。敵対者がついに、キリストにおける兄弟姉妹となるのです。

サウロのようにわたしたちにも、御父の愛の衝撃が加えられるよう願い求めましょう。その愛だけが、石の心を肉の心にすることができ（エゼキエル11・19参照）、「キリスト・イエスにもみられる」（フィリピ2・5）ものを内に抱くことのできる心に変えることができるのです。

（二〇一九年十月九日、サンピエトロ広場にて）

ペトロと、異邦人への聖霊の注ぎ

「神は人を分け隔てなさらない」（使徒言行録10・34）

愛する兄弟姉妹の皆さん、おはようございます。

聖ルカが使徒言行録で語る、世界を巡る福音の旅には、驚きの方法でご自分を明かされる神の途方もない創造性がついて回ります。神がご自分の子らに望むのは、救いがすべてに及ぶことに心を開くよう、排他主義を徹底して克服することです。排他主義を乗り越え、救いがあまねくすべてに及ぶようにすること、それが目的です。神はすべての人を救いたいと願っておられるからです。水と聖霊によって新たに生まれた者――洗礼を受けた者――は、自己を抜け出て他者へと開かれるよう、寄り添いを生きるよう呼びかけられています。共生の様式である寄り添いは、あらゆる人間どうしのつながりを兄弟愛の体験へと変えてくれます（使徒的勧告『福音の喜び』87参照）。

歴史の中で聖霊が火つけ役となる、そうした「兄弟となる」歩みの証人はペトロです。パウロと並ぶ使徒言行録の主役です。ペトロは、人生の決定的なターニングポイントとなる出来事を経験します。祈っていると、神からの「啓示」となる幻視《ヴィジョン》を受け、それが引き金となり、彼の中で考え方の転換が生じます。獣、地を這《は》うもの、鳥といったさまざまな生き物が入っている、天上からつるされた大きな食卓布を目にします。そして、それらを食すよう促す声が聞こえます。敬虔なユダヤ教徒であるペトロは、主のおきてで命じられているとおり（レビ11章参照）、汚《けが》れたものは何一つ食べたことはないとはっきり答えます。するとその声は再び力強く響きます。「神が清めた物を、清くないなどと、あなたはいってはならない」（使徒言行録10・15）。

この出来事を通して主がペトロに望んだのは、もう二度と、清いか汚れているかによって物事や人を判断せず、そうしたことを超えて、人やその心の思いに目を向けるということです。人を汚すのは外側からのものではなく、まさにその人の内から、心から出るものです（マルコ7・21参照）。イエスは明確にそういわれたのです。

この幻視の後、神は、割礼を受けていない異邦人コルネリウスの家へとペトロを遣わします。「「イタリア隊」と呼ばれる部隊の百人隊長で、信仰心あつく、……神をおそれ」、民に数々の施しを行い、いつも神に祈っている人ですが（使徒言行録10・1―2参照）、ユダヤ人ではありませんでした。

その異邦人の家でペトロは、十字架にかけられ復活したキリストのこと、そしてキリストを信じる者は皆、罪がゆるされることを話します。そしてペトロが話していると、聖霊がコルネリウスとその家族の上に注がれます。それからペトロはイエス・キリストの名によって彼らに洗礼を授けます（同10・48参照）。

この驚くべき出来事――このようなことが起こるのは初めてでした――は、エルサレム中に知れ渡ります。エルサレムにいたペトロの仲間たちは、彼の行いに憤慨し、激しく彼を責めます（同11・1―3参照）。ペトロが、当時の常識からも律法からも越え出たことをしたので責めたのです。しかしコルネリウスと出会った後、ペトロは自分というものからいっそう解放されて、神との交わり、他者との交わりを深めたのです。聖霊の働きの中に、神の意志を見たからです。こうしてペトロは、イスラエルの民が選ばれているのは、功績への報いからではなく、異教の民の間に神からの祝福を届ける仲介者となるようにという、無償で与えられた召命の表れなのだということを悟ります。

愛する兄弟姉妹の皆さん。使徒の頭《かしら》から学びましょう。福音を説く人は、「すべての人々が救われ……るようになることを望んでおられ」（一テモテ2・4）る神の創造のわざを阻む者ではなく、主との心の出会いを促す人とならなければなりません。ではわたしたちは、兄弟姉妹に対し、なかでもとくに、キリスト教徒ではない人に対して、どのように振る舞ったらよいでしょうか。彼らにとって、神との出会いの妨げとなってはいないでしょうか。そうした人たちが御父と出会うための障害となっていないでしょうか。それともその手伝いをしているでしょうか。

今日は、驚かせる神のわざによって、仰天させられる恵みを願いましょう。神の創造性を阻むのではなく、そのなさり方に気づき、それに協力することができますように。復活したかたが世にご自分の霊を注ぎ、ご自分が「すべての人の主」（使徒言行録10・36）だと気づかせて人々の心を引きつけるのは、神のつねに新しいなさり方です。ありがとうございます。

（二〇一九年十月十六日、サンピエトロ広場にて）

パウロとバルナバの宣教、エルサレム会議

「神が異邦人に信仰の門を開いてくださった」（使徒言行録14・27）

愛する兄弟姉妹の皆さん、おはようございます。

使徒言行録は、聖パウロが、回心となるイエスとの出会いの後にバルナバの仲介によってエルサレムの教会に迎えられ、キリストを伝え始めたことを語っています。しかし一部の者から反感を買い、故郷のタルソスに移らざるをえなくなります。バルナバはそこでパウロと合流し、彼を神のことばを伝える長旅に加えます。この連続講話で解説中の使徒言行録は、神のことばを伝える長旅をつづった書であるといえます。神からのことばは告げ知らせるべきもので、あらゆる場所に伝えられなければなりま

せん。その旅は厳しい迫害の後に始まりますが（使徒言行録11・19参照）、その迫害は福音宣教を後退させるどころか、みことばのよい種を蒔《ま》く畑を広げる機会となるのです。キリスト者は恐れません。逃れなければならずとも、みことばとともに逃れ、そうすることでみことばをあらゆる場に広めるのです。

パウロとバルナバはまず、シリアのアンティオキアに到着し、そこに丸一年滞在して、共同体を根づかせるために教え、支えることになります（同11・26参照）。二人はヘブライ語を話す共同体、つまりユダヤ人に宣教しました。そうしてパウロとバルナバの二人の福音宣教者が説いて回り、信者の心に影響を与えたおかげで、アンティオキアは宣教活動の拠点となります。その地アンティオキアで、信者は初めて「キリスト者」と呼ばれるようになるのです（使徒言行録11・26参照）。

使徒言行録は、教会の本質を浮かび上がらせます。教会は要塞ではなく、あらゆる人が出入り可能な、空間を広げることのできる天幕です（イザヤ54・2参照）。教会は「出向いて行く」ものであり、そうでなければ教会ではありません。また、すべての人が加われるよう自分の場を広げ続ける歩みの中にあるものであり、そうでなければ教会ではありません。「門の開かれた教会」（使徒的勧告『福音の喜び』46）で、扉はつねに開かれています。この町や自分の教区で教会を見て、扉が閉まっていたなら、それは悲しいしるしです。教会はつねに扉を開けておかなければなりません。それが、教会のあるべき姿を示すしるしだからです。いつも開けておくことです。教会は、「つねに開かれた父の家であるよう招かれています。……そうすれば、聖霊に促されて神を探し求める人が、冷たく閉ざされた門にぶつかることはないでしょう」（同47）。

この開かれた扉という新しさは、だれに向けられたものでしょうか。異邦人にです。使徒たちはユダヤ人に説いていましたが、異邦人もまた、教会の扉をたたきに来たからです。そして、異邦人にも扉を開くという新しい考えは、激しい議論を引き起こしました。一部のユダヤ人は、彼らが救われるためには、割礼によってユダヤ人になったうえで洗礼を受ける必要があるといって譲らなかったのです。その人々は、「モーセの慣習に従って割礼を受けなければ、あなたがたは救われない」（使徒言行録15・1）し、ということは、その後の洗礼を受けることもできないといいます。まずはユダヤ教の儀式があって、それから洗礼、というのが彼らの言い分でした。この問題を解決するためパウロとバルナバは、エルサレムの使徒と長老たちの会議に諮《はか》ります。こうして、教会史上最初の公会議と考えられている、エルサレム会議（エルサレム使徒会議）が開催されました。パウロは、ガラテヤの信徒への手紙の中でそれに言及しています（2・1―10）。

神学的、霊的、規律的に、実に扱いの難しい問題が討議されました。キリストへの信仰と、モーセのおきての遵守との関係についてです。母教会の「柱」である、ペトロとヤコブの演説が会議の決め手となっています（使徒言行録15・7―21、ガラテヤ2・9参照）。彼らは異邦人には割礼を義務づけず、偶像崇拝とその表れをすべて退けることだけを求めるよう呼びかけます。この話し合いによって共通の方法が生まれ、その決議は、アンティオキアに送られた使徒の手紙をもって批准されました。

エルサレム会議は、意見の不一致に向き合い、「愛に根ざして真理」（エフェソ4・15）を求めることについて、大切な照らしを与えてくれます。争いを解決する教会的な方法は、注意深く辛抱強く耳を傾けることからなる対話と、聖霊の光に照らされながらの識別に基づいていることを、わたしたちに思い起こさせます。閉鎖性と緊張状態を乗り越えられるよう助けてくださり、心の内で働いてくださるのは――人々の心が真理や善に至り、一致をかなえられるようにです――聖霊にほかなりません。手紙の本文は、シノダリティ（ともに歩むあり方）を理解する助けとなります。使徒たちが、「聖霊とわたしたちは、……決めました」と記して書き初めているのは興味深いことです。聖霊がおられること、それこそがシノダリティに特有のことです。そうでなければ、シノダリティとはいえません。会談だとか、代表会議だとか、シノダリティとは別のものになってしまいます。
主に願い求めましょう。すべてのキリスト者の、とりわけ司教や司祭の、交わりに対する意欲と責任感を強めてくださいますように。同じ信仰をもつ兄弟姉妹や遠く離れてしまった人々と、対話し、耳を傾け、会っていくことができるよう、主が助けてくださいますように。そうすれば、どんな時代にあっても、子だくさんの「喜ぶ母」（詩編113・9参照）となるよう求められている教会の豊かな実りを味わい、表すことができるでしょう。

（二〇一九年十月二十三日、サンピエトロ広場にて）

キリスト教信仰のヨーロッパへの伝来

「マケドニア州に渡って来て、わたしたちを助けてください」（使徒言行録16・9）

愛する兄弟姉妹の皆さん、おはようございます。

使徒言行録を読むと、教会の宣教の主人公は聖霊であることが分かります。聖霊こそが、進むべき道を示し、宣教者の旅を導いておられるかたです。トロアスにたどり着いた使徒パウロが見た幻視《ヴィジョン》に、それがよく表れています。「マケドニア州に渡って来て、わたしたちを助けてください」（使徒言行録16・9）と、マケドニア人がパウロに懇願します。北マケドニアの人々はこの出来事を誇りにしています。イエス・キリストをパウロに伝えてもらえるよう、彼を招いたことを誇りにしているのです。マケドニアの人々がわたしをとても温かく迎えてくださったことをよく覚えています（訳注：この年の五月に北マケドニアを司牧訪問している）。パウロから伝えられたこの信仰を、彼らがいつまでも守り続けることができますように。使徒パウロは、自分を遣わしておられるのはまさに神だと確信し、ためらうことなくマケドニアに向けて出発します。そして、福音を告げ知らせるため、エグナティア街道を通って「ローマの植民都市」（同16・12）であるフィリピに到着します。パウロはそこに数日間滞在します。フィリピ滞在中のパウロを特徴づける三つの出来事があります。三日間に起きた、三つの重要な出来事です。一つ目は、リディアとその家族に福音を告げ知らせ洗礼を授けたこと。二つ目は、主人たちに搾取されていた女奴隷から悪霊を追い出した後にシラスとともに捕らえられたこと。三つ目は、看守とその家族が回心し洗礼を受けたことです。パウロの人生におけるこの三つのエピソードを見ていきましょう。

福音の力が働いたのは、まず最初にフィリピの女性たち、なかでもティアティラ市出身の紫布《むらさきぬの》の商人、リディアです。彼女は神を信じる人で、「パウロの話を注意深く聞」（同16・14）くよう、主に心を開いていただいた人です。確かにリディアはキリストを受け入れ、家族とともに洗礼を受け、キリスト者を歓迎してパウロとシラスを自宅に泊めます。ここに、キリスト教の欧州伝来が証言されています。それは、今日も続くインカルチュレーションの始まりです。キリスト教は、マケドニアから欧州に伝わったのです。

リディアの家で温かいもてなしを受けた後、パウロとシラスは投獄という苛酷な経験をします。リディアとその家族の回心という慰めは、「占いの霊に取りつかれている女奴隷」、「占いをして主人たちに多くの利益を得させていた」（同16・16）女をイエスの名によって悪霊から解放したために投げ込まれた、牢獄の苦しみに変わります。女奴隷の主人たちは多くの利益を得ており、このあわれな奴隷は占い師の行為、つまり、“prendi questa mano zingara（手相を見ておくれ、ジプシーの姉さん）”と歌にもあるように、手相を見て将来を占い、お金を得ていました。いいですか、愛する兄弟姉妹の皆さん。いまだに、お金を払って占ってもらう人がいます。わたしの教区には広い公園があり、そこに六十台以上の小机が並んでいて、占い師たちが座って手相を見ていました。人々はその占いを信じていました。だからそれにお金を払っていたのです。聖パウロの時代にも同じことがありました。その奴隷の主人たちは、報復として、公の秩序を乱したかどでパウロを訴え、使徒たちを役人に引き渡しました。

そして何が起きるのでしょうか。パウロは牢に入れられますが、投獄中に驚くべきことが起こります。過酷な中でもパウロとシラスは嘆くどころか、神を賛美する歌を歌い、その賛歌から彼らを解放する力が放たれます。彼らが祈っていると大地震が起こり、牢の土台が揺れ動きます。牢の戸が皆開き、すべての囚人の鎖が外れます（同16・25―26参照）。聖霊降臨の際と同様、祈りは牢の中でもまた、驚きの働きを引き起こすのです。

看守は、囚人たちが逃げてしまったと思い込み、自殺しようとします。囚人が逃亡した場合、看守は自分のいのちで償うからです。ところがパウロは、「わたしたちは皆ここにいる」と叫びます（同16・27―28）。看守の一人が尋ねます。「救われるためにはどうすべきでしょうか」（30節）。返事はこうです。「主イエスを信じなさい。そうすれば、あなたも家族も救われます」（31節）。ここで、変化が起こります。真夜中でしたが、看守は家族と一緒に主のことばを聞き、使徒たちを受け入れ、鞭《むち》で打たれた彼らの傷を洗ってやり、家族とともに洗礼を受けるのです。そして「神を信じる者になったことを家族ともども喜ん」（34節）で、パウロとシラスとともに過ごすために食事を用意します。慰めのひとときです。この名もなき看守の闇の中にキリストの光が輝き、暗闇を打ち破ります。心の鎖が外れ、これまで感じたことのない喜びが、彼とその家族の心にあふれます。このように、聖霊が宣教をなさっておられるのです。最初から、聖霊降臨のときからずっと、このかたが宣教の主人公です。聖霊がわたしたちを前に進ませてくださるのです。それを行うようにと聖霊がわたしたちを突き動かしておられる召命に、真摯に向き合わなければなりません。

今日のわたしたちも聖霊に願い求めましょう。リディアのような、神に対して敏感で兄弟姉妹を温かく迎え入れる開いた心を。パウロやシラスのような強固な信仰を。聖霊に触れていただいた看守のように心が開かれることを。

（二〇一九年十月三十日、サンピエトロ広場にて）

アテネにおける信仰のインカルチュレーション

「あなたがたが知らずに拝んでいるもの、それをわたしはお知らせしましょう」（使徒言行録17・23）

愛する兄弟姉妹の皆さん、おはようございます。

使徒言行録をもって「旅」を続けましょう。パウロはフィリピ、テサロニケ、ベレアでの試練を経た後、ギリシアの中心であるアテネにたどり着きます（使徒言行録17・15参照）。政治的に衰退しながらも過去の栄光にすがっていたこの町は、いまだ文化が優位であるとする考え方の中にありました。その中で使徒パウロは、「この町の至るところに偶像があるのを見て憤慨した」（16節）のです。しかし、この偶像崇拝との

「衝突」は、パウロにそれを避けさせはせずに、その文化との対話のための橋を築くべく突き動かします。

パウロはこの町のことをよく知ろうと決めて、主要な場所や人物をいろいろと訪れ始めます。信仰生活の象徴であるユダヤ人の会堂や、市民生活の象徴である広場、政治や文化の象徴であるアレオパゴスに行きます。ユダヤ人や、エピクロス派やストア派の哲学者など、多くの人と会います。パウロはだれとでも会い、引きこもらず、すべての人と話をするために出掛けます。このようにしてパウロは、「家々や通り、広場におられる神を見いだす」「観想の目で」（使徒的勧告『福音の喜び』71）、アテネの文化とその情況を見つめることになります。パウロはアテネの人々や異教の世界を敵意をもって見るのではなく、信仰の目で見つめています。このことはわたしたちを、自分たちの町についての見方を振り返るよう促します。冷ややかに眺めているのか。蔑《さげす》んで見てはいないか。それとも、名も知らぬ人々の中に神の子らを認める信仰の目をもって見ているのか。

パウロは、福音と異教徒の世界との間に道を開くまなざしを選びます。古代世界でもっとも名高い機関の一つ、アレオパゴスの中心で、彼は、信仰のメッセージの文化内開花《インカルチュレーション》の傑出した模範を示します。パウロは偶像を崇拝する人々にイエス・キリストを告げますが、それは相手を攻撃することによってではなく、「教会指導者(Pontifí)、橋（ponti）を架《か》ける者」（「サンタマルタ館でのミサ説教（二〇一三年五月八日）」）となることでそうするのです。

「知られざる神に」（使徒言行録17・23）ささげられた町の祭壇に、パウロは手掛かりを見いだします。何ら偶像もない、何も描かれていない、「知られざる神に」という碑文のみが刻まれた祭壇がありました。パウロは聴衆の気持ちをつかむために、その知られざる神への「信仰」から話を始めます。そして、神は「市民の間に住んで」（使徒的勧告『福音の喜び』71）おられ、「たとえ漠然とした中の手探りであったとしても、誠実な心で神を探し求める人に、神はご自身を隠さない」（同）ことを告げ知らせます。パウロが明らかにしようとしているのは、まさにそうしたかたです。「あなたがたが知らずに拝んでいるもの、それをわたしはお知らせしましょう」（使徒言行録17・23）。

アテネ市民が礼拝する神のアイデンティティを明らかにしようと、使徒は被造物について――啓示の神についての聖書による信仰――から、あがないと裁きについて――まさにキリスト教のメッセージそのもの――までを語ります。創造主の偉大さと人間が築いた神殿とでは釣り合いがとれないことを示し、創造主は、探し求めさえすればだれでもご自身を見いだせるよう、つねにご自身を求めさせておられることを説きます。こうしてパウロは、教皇ベネディクト十六世がいみじくも述べたように、「人々がすでに知ってはいるもののそのかただと気づいていない神、つまり、知っていても知らないいかたを告げる」（「コレージュ・ディ・ベルナダン（パリ市）における文化界関係者との集い（二〇〇八年九月十二日）での講話」）のです。そしてパウロは皆に呼びかけ、「無知な時代」を越えて、間近に迫る裁きを見据えて回心するよう招きます。このようにしてパウロはケリュグマへと至り、名を出すことなくキリストを、「（神が）先にお選びになった一人のかた、……死者の中から復活させて、すべての人にそのことの確証をお与えになった」（使徒言行録17・31）かたと定義するのです。

ここで問題が生じます。パウロの話は興味を引く発見であったため、対話の相手は態度を決めかねていたのですが、つまずきが生じてしまうのです。キリストの死と復活が「愚かなもの」（一コリント1・23）と捉えられ、嘲笑がわき起こります。そこでパウロは、その場を立ち去ります。彼の努力は報われなかったように見えましたが、それでも、彼のことばを受け入れ、信仰へと開かれた人がいました。その中にはアレオパゴスの議員でディオニシオという名の男性と、ダマリスという女性がいました。福音はアテネにも根を下ろしました。そして、この男女二人の声によって広がっていくのです。

今日のわたしたちも、聖霊に願い求めましょう。聖霊がわたしたちに、文化との架け橋を、信じていない人との、わたしたちとは異なる信条をもつ人との、架け橋を築くすべを教えてくださいますように。いかなるときにも橋を築いてください。どんなときにも手を伸ばしてください。攻撃するのではありません。信仰のメッセージを細やかな配慮をもって文化に根づかせる力を聖霊に願い、かたくなな心をも温めうる愛に促されて、キリストを知らない人々を観想の目で見つめる力を求めましょう。

（二〇一九年十一月六日、サンピエトロ広場にて）

福音に従事する二人組

「プリスキラとアキラは、彼を招いた」（使徒言行録18・26）

愛する兄弟姉妹の皆さん、おはようございます。

今日の謁見は二つのグループに分かれて行われています。病気のかたはパウロ六世ホールにいます。先ほどそこで二五〇人ほどのその皆さんとお目にかかり、あいさつして祝福を送りました。雨ですからホールにいたほうがよいと思います。そしてわたしたちはこちらの広場で講話をします。ですが彼らも、大型スクリーンでこちらの様子を見ています。それぞれのグループどうしで、拍手であいさつしましょう。

使徒言行録は、不屈の宣教者としてパウロがアテネ滞在後にも、世界に福音を伝えるために疾走し続けるさまを語っています。宣教の旅の次の滞在地はコリントです。ローマ帝国アカイア州の首都コリントは、二つの要港のおかげで栄えた商業都市、国際都市でした。

使徒言行録18章に書かれているように、パウロは、アキラとその妻プリスキラからもてなしを受けます。この夫婦は、クラウディウス帝が全ユダヤ人をローマから退去させるよう命じたために、コリントへの移住を余儀なくされました（使徒言行録18・2参照）。ついでに申し上げておきたいと思います。ユダヤ人は、歴史を通して多くの苦しみを受けてきました。追放され、迫害されて……。前世紀にユダヤ人に対してなされた、あまりに重い残虐行為をわたしたちは知っています。そして皆が、それはもう終わったことだと確信していました。ところが今日あちこちで、ユダヤ人迫害という悪習が再び横行し始めています。兄弟姉妹の皆さん。これは人の道を外れた行いであり、キリスト教に反することです。ユダヤ人のかたがたは、わたしたちの兄弟姉妹です。迫害してはなりません。分かりましたか。さて、この夫婦は、神への信仰にあふれ、他者に対して寛大な心をもち、自分たちと同様によそ者となってしまった人に心を寄せる姿を示しています。彼らはそうした心もちがあるから、自分を中心とすることを捨て、もてなしというキリスト者の流儀（ローマ12・13、ヘブライ13・2参照）を実践し、自宅を開放してパウロを家に迎えることになります。そうすることで二人は、福音宣教者のみならず、その宣教者が携えるよい知らせをも受け入れるのです。それは、「信じる者すべてに救いをもたらす神の力」（ローマ1・16）である、キリストの福音です。そしてその瞬間からその家は、心を生き生きとしてくださる、「生きた」（ヘブライ4・12参照）みことばであるかたの香りでいっぱいになるのです。

アキラとプリスキラは、パウロと職業が同じでした。テント造りです。パウロは手仕事をとても重んじており、キリスト者があかしを行う優先的場であると考え（一コリント4・12参照）、さらには他の人々や共同体に負担をかけずに自活するのにふさわしい手段だとも考えていました（一テサロニケ2・9、二テサロニケ3・8参照）。

コリントのアキラとプリスキラの家の扉は、使徒だけでなく、キリストにおける兄弟姉妹にも開かれます。パウロはまさに、「その家に集まる教会の人々」（一コリント16・19）について話します。その家こそが「ドムス・エクレジア」に、神のことばを聞き感謝の祭儀を執り行う場になるのです。今日でも、信教の自由がなかったり、キリスト教がゆるされていなかったりする一部の国では、キリスト者は家に集まり、半ば隠れて、祈りをささげ、感謝の祭儀を行っています。今日でも、感謝の祭儀を行う聖堂となる、そうした家、家庭が存在しているのです。

コリントに一年半滞在した後、パウロはアキラとプリスキラとともにその町を去り、エフェソにとどまります。そこでも彼らの家は、教えを伝える場となります（使徒言行録18・26参照）。結局この夫婦はローマに戻ることになり、深く感謝されます。使徒パウロがローマの信徒への手紙に記しているとおりです。感謝の思いを抱いてパウロは、この夫婦についてローマの教会にあてた手紙にしたためたのです。聞いてください。「キリスト・イエスに結ばれてわたしの協力者となっている、プリスカとアキラによろしく。いのちがけでわたしのいのちを守ってくれたこの人たちに、わたしだけでなく、異邦人のすべての教会が感謝しています」（16・3―4）。迫害下にあって、迫害される人を庇護するために、どれほどたくさんの家庭がいのちを懸けていることでしょう。悲惨な状況下でも家庭が受け入れる――、これこそがもっとも基本となる模範です。

パウロの大勢の協力者の中でも、アキラとプリスキラは「キリスト教共同体全体への奉仕のために責任をもって献身した、結婚生活の模範」（教皇ベネディクト十六世「聖パウロとキリストの最初の弟子についての一般謁見連続講話（二〇〇七年二月七日）」［ペトロ文庫『使徒――教会の起源』二四二頁］）としてひときわ目を引きます。そしてこの夫婦のような、多くの信徒の信仰と宣教活動のおかげでキリスト教がわたしたちに伝えられたのだということを、彼らは思い起こさせてくれます。実際、「キリスト教が成長することができたのは、使徒たちがキリスト教をのべ伝えたからだけではありません。キリスト教が人々の大地に根ざし、生きたしかたで発展するためには、こうした家族、夫婦、キリスト教共同体、信徒の献身が必要でした。彼らは信仰が成長するための「土壌」となったからです」（同〔二四〇―二四一頁〕）。キリスト教はその原初から、信徒によって教えが伝えられてきたということを考えてみましょう。信者の皆さんも、自分の洗礼に責任をもって、信仰を伝達していかなければなりません。ベネディクト十六世のこのことば――信徒は「信仰が成長するための「土壌」となった」（同）、これはすばらしいことばです。

ご自分の「生きた真の「像」」（使徒的勧告『愛のよろこび』11）とされるために夫婦を選ばれた御父に願い求めましょう。ここには新婚のカップルもいらっしゃると思います。自分たちの召命に耳を傾けてください。皆さんは、すべてのキリスト者の夫婦に御父の霊を注ぐ、「生きた真の「像」」とならなければなりません。そうして夫婦は、アキラとプリスキラの模範に倣い、キリストと兄弟姉妹とに心を開き、自分たちの家を家庭教会にできるはずです。一つの家は一つの家庭教会――すてきなことばですね。交わりを生き、信仰と希望と愛をもって生きる生活を尊ぶ家庭教会です。わたしたちの家も二人のようになれるよう教えてくださいと、アキラとプリスキラの二人の聖人に祈らなければなりません。信仰をはぐくむための土壌のある、家庭教会となれますように。

（二〇一九年十一月十三日、サンピエトロ広場にて）

エフェソでのパウロの使命、長老たちとの別れ

「どうか、あなたがた自身と群れ全体とに気を配ってください」（使徒言行録20・28）

愛する兄弟姉妹の皆さん、おはようございます。

使徒言行録における世界を巡る福音の旅は立ち止まることなく続き、その救いの力をすべて明らかにしながら、エフェソの町を通って行きます。パウロの働きで、十二人ほどの人がイエスの名によって洗礼を受け、新たないのちをもたらす聖霊の注ぎを体験します（使徒言行録19・1―7参照）。そして使徒パウロを通して、いくつかの奇跡が起きます。病人がいやされ、悪霊に取りつかれた人が解放されるのです（同19・11―12参照）。それは、弟子が師なるかたに似て（ルカ6・40参照）、自らがそのかたから受

けたのと同じ新たないのちを兄弟姉妹に伝えることで、そのかたを現存せしめたゆえに起きたことです。

エフェソで発揮される神の力は、その霊的な権限をもたずにイエスの名を用いて祓《ふつ》魔《ま》式を行おうとする人の正体を暴き（同19・13―17参照）、魔術の弱さを露わにします。キリストを選んで魔術を捨てた大勢の人によって、魔術は放棄されます（同19・18―19参照）。これは、呪術が盛んなことで知られるエフェソのような町にとっては、正真正銘の大転換でした。このようにルカは、キリスト教信仰と呪術は相いれないことを明確に示しています。キリストを選ぶなら、祈禱師にすがることはできません。信仰とは、オカルト行為ではなく啓示によって、無償の愛をもってご自分を知らせてくださる神の信頼できる手に、確信をもって身をゆだねることです。皆さんの中には次のようにいう人がいるかもしれません。「そうでしょうか。魔術はずっと昔のものです。現在のキリスト教が浸透した社会では行われていませんよ」。それでも注意してください。お尋ねします。タロット占いに行ったことのある人はいますか。手相占いをしたことのある人はいますか。トランプ占いをしたことのある人はいますか。今日でも、大都市にはそのようなことをするキリスト信者がいます。彼らは、「イエス・キリストを信じているのに、なぜ手相であれタロットであれ、占い師のもとに行くのですか」と聞かれると、「イエス・キリストを信じてはいますが、一応厄除《やくよ》けのために彼らのもとにも行くのです」と答えます。お願いします。呪術はキリスト教には属しません。キリスト教では、未来を占ったり、いろんな予言をしたり、それによってその先のことを変えたりはしません。キリストの恵みは、あなたにすべてをもたらします。主に祈り、身をゆだねてください。

エフェソに福音が広がると、銀細工師の商売が脅かされるという別の問題も生じます。彼らは、女神アルテミスの像を造り、信心行為を文字どおり商売にしていました。お分かりでしょう。大きな利益を上げていた商売が滞るのを目の当たりにして、銀細工師はパウロに対して事を起こします。そうしてキリスト者は、職人、アルテミスの神殿、その女神への信仰心を脅かしたかどで訴えられます（使徒言行録19・23―28参照）。

そこでパウロはエフェソを去ってエルサレムに向かい、ミレトスに到着します（同20・1―16参照）。そして「司牧」を引き継ぐために、その地にエフェソの教会の長老――祭司職（ラテン語 sacerdos）にある教会指導者（ギリシア語 presbyteros）――を呼び集めるよう命じます（同20・17―35参照）。パウロの使徒職上の役務が最終段階を迎え、ルカは彼の別れのあいさつを記しています。それは、パウロが去った後、エフェソの共同体を導くことになる人々にあてた、霊的な遺言状のようなものです。これは、使徒言行録でもっとも美しい箇所の一つです。新約聖書を手に取って20章を開き、エフェソの長老たちのもとを去るパウロのこの別れのあいさつ、ミレトスでのあいさつを読んでください。それは、使徒パウロがどのように別れを告げたかを、そして今日の司祭はどのような別れのあいさつをすべきか、さらに、キリスト者は皆どのように別れのあいさつをすべきかを教えてくれます。美しい一節です。

パウロは激励のことばで、会うのはそれが最後だと分かっている共同体の指導者たちを励まします。何といったでしょうか。「どうか、あなたがた自身と群れ全体とに気を配ってください」。怠ることなくつねに注意すること、自分自身と群れに気を配ること――、これこそが牧者の務めです。司牧者は気を配るべきであり、小教区の司祭は気を配るべきであり、怠ることなくつねに注意すべきであり、祭司職にある者は気を配るべきであり、司教、そして教皇は、気を配らなければならないのです。群れを守るために怠ることなくつねに注意すること、そして自分自身を注意深く見ること、自分の良心を糾明すること、見守るというこの務めをどう果たすか確認することです。聖パウロはいいます。「どうか、あなたがた自身と群れ全体とに気を配ってください。聖霊は、神が御子の血によってご自分のものとなさった神の教会の世話をさせるために、あなたがたをこの群れの監督者に任命なさったのです」（同20・28）。司教は、キリストの尊い血によってあがなわれた群れのすぐそばにいるよう、「狼ども」（29節）から群れをすばやく守れるよう求められています。司教は、人々を世話するため、守るために、そのすぐ傍らにいなければなりません。人々から離れていてはいけないのです。エフェソの指導者らにその責務を命じた後、パウロは、彼らを神のみ手にゆだね、神の「恵みのことば」（32節）に、すなわちあらゆるものを成長させるパン種と教会における聖性の道に、彼らを託します。そうして、彼らがパウロのように自らの手で働き、他者の重荷とならずに、弱者を助け、「受けるよりは与えるほうが幸いである」（35節）ことを身をもって知るよう促します。

愛する兄弟姉妹の皆さん。主に願いましょう。教会への愛と、教会が守っている信仰の遺産への愛が、わたしたちの心で新たにされますように。また司牧者が牧者である神の不屈さと優しさを示せるよう、わたしたち皆が祈りをもって牧者を支え、群れを守る共同責任を担うことができますように。

（二〇一九年十二月四日、サンピエトロ広場にて）

アグリッパ王の前に引き出される囚人パウロ

「短い時間でわたしを説き伏せて、キリスト信者にしてしまうつもりか」（使徒言行録26・28）

愛する兄弟姉妹の皆さん、おはようございます。

使徒言行録を読み進めながら、世界を巡る福音の旅を続けていますが、聖パウロのあかしは苦しみのしるしが色濃くなっていきます。まさしくそれは、パウロの人生において時とともに増していきます。パウロは熱意にあふれる福音の伝道者であり、異邦人の間に新たにキリスト教共同体を生み出す勇猛な宣教者であるだけでなく、復活したかたが受けた苦しみをあかしする者でもあるのです（使徒言行録9・15―16参照）。

パウロのエルサレム到着が引き金となって、使徒言行録21章で描かれているように、反発する人々の激しい憎悪が生まれ、「この男は迫害していた者だ。信用してはいけない」と彼は非難されます。イエスと同じように、エルサレムはパウロにとっても敵意に満ちた都市です。神殿に入ったパウロは人々に見つかり、境内から引きずり出されてリンチに遭いますが、ローマの兵士に土壇場で救い出されます。パウロは律法と神殿を無視するよう教えたかどで訴えられ、捕らえられます。そして囚人としてのパウロの旅が始まります。最初に最高法院に引き出され、それからカイサリアのローマ総督の前に、そして最後にアグリッパ王の前に引き出されます。ルカは、パウロとイエスの類似点を強調しています。両者とも反対者に憎まれ、公然と糾弾され、ローマ帝国の権力者からは無罪と認定されます。このようにパウロは、師である主の受難に結ばれて、その受難は生きた福音となります。わたしは今朝、サンピエトロ大聖堂でウクライナの教区の巡礼団と面会してから、ここに来ました。彼らはどんなにひどい迫害を受けたことか。福音のためにどれほど苦しんだことでしょう。それでも彼らは決して信仰を曲げませんでした。このかたがたは模範です。現代世界では、ヨーロッパでも多くのキリスト者が迫害され、信仰のためにいのちを奪われています。あるいは、白手袋をはめた手で、つまり隔離や疎外をもって迫害される人もいます。殉教はキリスト者の生にとって、キリスト教共同体のいのちにとって、空気のようなものです。殉教者はつねにわたしたちの間で生まれていくでしょう。それは、わたしたちがイエスの道を歩んでいるしるしです。神の民の中にこの殉教のあかしを行う人がいることは、主の恵みです。

パウロは訴えに対し弁明するよう求められ、最後にアグリッパ王の前でその弁明は、信仰を如実に物語る証言となりました（同26・1—23参照）。

パウロは、自分の回心について語ります。復活したキリストによって彼はキリスト者となり、諸国民への宣教を託されました。「それは、彼らの目を開いて、闇から光に、サタンの支配から神に立ち帰らせ、こうして彼らがわたしへの信仰によって、罪のゆるしを得、聖なる者とされた人々とともに恵みの分け前にあずかるようになるため」（18節）でした。パウロはその務めを引き受けました。そして、自分が今話していること、つまり、「メシアが苦しみを受け、また、死者の中から最初に復活して、民にも異邦人にも光を語り告げることになる」（23節）ということは、モーセと預言者たちが預言していたことであるとひたすら説いたのです。パウロの熱のこもったあかしは、アグリッパ王の心を動かします。王は決断を下しかねていました。そして王はいいます。「短い時間でわたしを説き伏せて、キリスト信者にしてしまうつもりか」（28

節)。パウロは無罪を言い渡されますが、自ら皇帝に上訴したために釈放されません。こうして、神のことばによる不断の旅は、ローマに向かうまで続きます。パウロは鎖につながれて、いよいよこの地ローマに到着します。

そのとき以来、パウロの肖像画は囚人の像となります。その鎖は福音への忠誠と、復活したかたに帰すあかしとを表すしるしです。

「犯罪人」（二テモテ2・9）のように世間の人々の前に現れる使徒パウロにとって、鎖はまさに屈辱的な試練です。けれども彼のキリストに対する愛はあまりにも強く、その鎖も信仰の目で読み解かれます。パウロにとって信仰とは、「理屈ではありません。神と世界についての見解ではありません。……神の愛が彼の心に与えた衝撃です。……イエス・キリストへの愛」（教皇ベネディクト十六世「パウロ年開幕となる聖ペトロ・聖パウロ使徒の祭日の前晩の祈りの講話（二〇〇八年六月二十八日）」［ペトロ文庫『霊的講話集2008』一七四―一七五頁］）なのです。

愛する兄弟姉妹の皆さん。パウロは試練のときに耐え忍ぶこと、あらゆることを信仰の目で読む力を教えてくれます。使徒パウロの取り次ぎを通して、今日、主に願い求めましょう。主がわたしたちの信仰をかき立ててくださいますように。また、キリスト者としての、主の弟子、宣教者としての召命を最後まで忠実に生きられるよう助けてくださいますように。

（二〇一九年十二月十一日、パウロ六世ホールにて）

難破の試練

「皆さんのうちだれ一人として、いのちを失う者はないのです」（使徒言行録27・22）

愛する兄弟姉妹の皆さん、おはようございます。

使徒言行録はその末尾で、福音が陸路だけでなく海路でも旅を続けたことを伝えています。とらわれの身となったパウロを乗せ、カイサリアから帝国の中心であるローマへ向かった船旅のことで（使徒言行録27・1〜28・16参照）、復活した主のことば、「地の果てに至るまで、わたしの証人となる」（同1・8）がなし遂げられるためです。使徒言行録を読んでください。そうすれば、聖霊の力によって福音がどのようにしてすべての人に届き、普遍のものとなったかが分かるでしょう。手に取り、読んでみてください。

航海は初めから、好ましくない状況に見舞われています。危険な旅となります。パウロは船旅を続けないよう忠告しますが、百人隊長はそれを意に介さず、船長や船主を信用します。航海は続行し、暴風が吹き荒れ、乗組員は船を制御できず難破させてしまいます。

死が目前に迫り、皆が絶望しかけたとき、パウロは、先ほど読まれたことばをかけて仲間たちを安心させます。「わたしが仕え、礼拝している神からの天使が昨夜わたしのそばに立って、こういわれました。「パウロ、恐れるな。あなたは皇帝の前に出頭しなければならない。神は、一緒に航海しているすべての者を、あなたに任せてくださったのだ」」(同27・23―24)。試練の中にあっても、パウロは仲間のいのちの保護者であり、希望の推進者であることをやめません。

このようにルカは、パウロをローマへ導いた計らいが、使徒だけでなく、旅の仲間たちをも救い、難破が、不運な出来事から福音をのべ伝えるための神から与えられたチャンスに変わることを教えてくれます。

難破の後にマルタ島に到着しますが、島の住民は一行を温かく迎えます。マルタの人々はこの当時から立派で、柔和であり、温かく迎え入れる人たちです。雨が降る寒い日だったのですが、漂着した人たちが少しでも暖かくほっとできるようにとたき火を起こしてくれます。パウロは枯れ枝を火にくべて、ここでもキリストの真の弟子らしく役に立とうとします。作業中にパウロは一匹の蝮《まむし》に噛《か》まれましたが、何のけがも負いません。これを見て人々はいいます。「この人はきっと大悪党にちがいない。海では助かったが、結局、蝮に噛まれてしまったではないか」。人々はパウロが死ぬだろうと様子をうかがっていますが、何の被害もないのを見て、今度は、犯罪者ではなく神なるものだとさえ誤解します。実際には、その恵みは復活した主によるもので、主が、天に昇られる前に信じる者たちに伝えた約束どおり、パウロを助けておられるのです。「手で蛇をつかみ、また、毒を飲んでも決して害を受けず、病人に手を置けば治る」（マルコ16・18）。歴史によれば、そのとき以来マルタ島には毒蛇がいないそうです。それは、このとても親切だった住民たちのもてなしに対する神の祝福です。

事実、マルタでの滞在はパウロにとって、自身がのべ伝えることばに「肉」を与え、それにより病者をいやすというういつくしみのわざを行う好機となります。そしてこれが福音の法則であり、信者が救いを経験したら、それを独り占めしておかず、周囲に広めるべきだというものです。「善は、つねに広がっていくものです。真理や美に関するすべての真正な体験は、おのずから広がりを求め、深い解放を体験した人はだれでも、他者の必要に対して敏感になります」（使徒的勧告『福音の喜び』9）。「つらい経験をした」キリスト者は、苦しみが何であるかを知っているため、必ずや苦しんでいる人により近い者となるはずで、他者への連帯へと心が開け、敏感になるのです。

パウロは、キリストにしがみつくことで試練の時を生き抜くよう教えています。それは、「神はあらゆる状況の中で、失敗と思われる状況でさえもお働きになるという確信」を深め、そして「愛ゆえに自らをささげて神にゆだねる人は必ず実を結ぶということを、確信をもって」（同279）深く知るためです。愛は必ず実を結びます。神の愛は確実に実るのです。ですから、思い切って主に連れ出していただき、主のたまものを受けるなら、それによってあなたは、そのたまものを他者に渡せるようになります。神への愛は、いつも先へ先へと駆けていくのです。

　今日は、信仰の力に支えられてどんな試練をも生き抜けるよう、また、疲れ果ててわたしたちの岸にたどり着く事情を抱えた多くの漂流者に対し敏感な心をもてるよう、主に願いましょう。そうしてわたしたちが、イエスとの出会いから生まれる兄弟愛をもって、彼らを迎え入れることができるようになりますように。これこそが、無関心と非人間的行為による冷徹さから救い出してくれるものなのです。

（二〇二〇年一月八日、パウロ六世ホールにて）

ローマでのパウロの軟禁と、豊かに実る宣教

「パウロは、訪問する者はだれかれとなく歓迎し、まったく自由に何の妨げもなく、神の国をのべ伝えた」(使徒言行録28・30―31)

愛する兄弟姉妹の皆さん、おはようございます。

本日で、使徒言行録についての連続講話は終わりますが、締めくくりは聖パウロの最後の宣教地であるローマの場面(使徒言行録28・14参照)になります。

福音の旅と一体であったパウロの旅は、人間の旅路が信仰において歩まれるならば、信仰のことば――状況を変え、まったく新たな道を開くことができる生きたパン種――を通して、神の救いへと向かう通過点になりえることをあかししています。

パウロのローマ帝国中心地への到着をもって、使徒言行録は幕を閉じます。それはパウロの殉教で終わるのではなく、みことばが豊かに蒔《ま》かれることで終わるものです。世界を巡る福音の旅を軸としたルカの物語の終わりには、すべての人に救いを伝えるべく駆けていこうとする神のことば、止まらないみことばのダイナミズムがすべて収められ要約されています。

ローマでパウロは、まずキリストにおける兄弟たちに会います。彼らはパウロを温かく迎え、勇気づけてくれました（使徒言行録28・15参照）。この温かいもてなしは、パウロの到着がどれほど待ち望まれていたのかを示しています。その後パウロは、軍の監視下での一人住まいが認められました。すなわち、番兵がついての軟禁状態です。とらわれの身でありながら、パウロはユダヤ人の重鎮《じゅうちん》たちと会い、皇帝に上訴せざるをえなかった理由を説明したり、彼らに神の国について話したりすることができました。彼はイエスについて、聖書を引用し、キリストの新しさと「イスラエルが希望していること」（同28・20）とのつながりを説明して、ユダヤ人たちを説得しようと試みます。パウロはユダヤ人だという強い自覚をもち、自分がのべ伝える福音、つまり死んで復活されたキリストのメッセージの中に、選ばれた民と結ばれた契約の成就を見ています。

この内々の集まりでユダヤ人たちが好意的だったので、パウロはその後、より開かれた集会を開きました。パウロは丸一日かけて神の国について伝え、「モーセの律法や預言者の書を引用して」（同28・23）、聴衆の心をイエスへの信仰へと開かせようとします。すべての人が信じていたわけではないので、パウロは彼らの罪の理由である神の民のかたくなさを非難し（イザヤ6・9―10参照）、他方では、神を受け入れ、いのちの福音のことばに耳を傾けることができる国々の救いを熱くたたえました（使徒言行録28・28参照）。

物語のこの箇所でルカは、パウロの死ではなく、彼の説教、いわば「鎖につながれていない」（二テモテ2・9）みことばのダイナミズムを示して筆を置きます。パウロには動き回る自由はありませんが、自由に語ることができます。それは、みことばは鎖につながれていないからであり、使徒によってあふれんばかりに種を蒔かれる準備ができているみことばだからです。パウロは、神の国についてのメッセージを聞きたい、キリストを知りたいと望む人を迎える家で、「まったく自由に何の妨げもなく」（使徒言行録28・31）そのようにしています。探し求めるすべての心に開かれたこの家は、まさに教会の姿です。迫害を受け、曲解され、鎖につながれてもなお、イエスにおいて目に見える姿を取られた御父の愛を告げるために、母なる心ですべての人を迎え入れ続ける教会の姿です。
愛する兄弟姉妹の皆さん。世界を旅した福音の足跡をともに巡ったこの旅の終わりに、聖霊に祈ります。勇敢で喜びに満ちた福音宣教者となりなさいとの呼びかけが、わたしたち一人ひとりの中で新たされますように。パウロのように、家を福音で満たし、「すべての時代のあらゆる人に会いに来られる」(『ローマ・ミサ典礼書(イタリア語版)』待降節叙唱一／A参照)生きたキリストを迎え入れる、兄弟愛の食堂《セナクル》とすることができますように。

(二〇二〇年一月十五日、パウロ六世ホールにて)

真福八端

はじめに

愛する兄弟姉妹の皆さん、おはようございます。

今日から、マタイ福音書の中の真福八端（5・1―11）の連続講話を始めます。ここは「山上の説教」の始まりの箇所で、信者はもちろん、信者ではない多くの人の人生にも照らしを与えてきました。このイエスのことばに心震わせずにいられるはずはなく、そのことばを理解し、より完全に受け入れたいと願うのは当然です。真福八端はイエスのみ顔、イエスの生き方をかたどったものであるため、キリスト者の「身分証」、つまりわたしたちのＩＤカードです。

さて、ここでのイエスのことばを少し広い視野で捉えてみましょう。次回からは、真福八端の個々の項目を一つ一つ解説していきます。

まず、このメッセージがどのような場面で伝えられたのかが重要です。イエスは、ご自分の後を追って来る群衆をご覧になると、ガリラヤ湖を見下ろす緩やかな坂道を登り、腰を下ろし、それから弟子たちに真福八端を告げます。ですからメッセージは弟子たちに向けられたものであっても、地平線上には群衆が、つまり全人類がいます。これは、人類すべてに向けられたメッセージなのです。

しかも「山」は、神がモーセに十戒を授けたシナイを想起させます。イエスは新しいおきてを教え始めます。貧しい者、柔和な者、あわれみ深い者となりなさい……と。この「新しいおきて」は、規則以上のものです。事実イエスは、何かを押しつけるというよりも、「幸い」ということばを八回繰り返すことで、幸せになる方法を、つまりご自分の道を明らかにしておられます。

真福八端は三部で構成されています。まず、それぞれに必ず「幸い」ということばがあります。次に、幸いな人のいる状況が描かれます。心が貧しい、悲しんでいる、義に飢え渇いている、などです。そして最後に、「なぜなら」という接続詞で始まる、幸いの理由があります（訳注：日本語訳聖書では「なぜなら」に当たる語は省略されている）。真福八端はこのようになっているので、繰り返して暗記し、イエスが与えてくださったこのおきてを頭と胸にしっかり刻んでおくとよいでしょう。

注意しなければならないことがあります。幸いとされる理由は、現在の状況ではなく、幸いな人が神から贈り物として置かれる新しい状態を指しているのです。「（なぜなら）天の国はその人たちのものである」、「（なぜなら）その人たちは慰められる」、「（なぜなら）その人たちは地を受け継ぐ」といった具合にです。

幸いの理由部分に当たる三つ目の要素では、イエスは未来形受動態を多く用いています。「その人たちは慰められる」、「その人たちは地を受け継ぐ」、「その人たちは満たされる」、「その人たちはゆるされる」、「その人たちは神の子と呼ばれる」。

さて、「幸い」ということばにはどんな意味があるのでしょうか。なぜ八つの幸いはそれぞれ、「幸いである」と言い切っているのでしょうか。この語の原語は、満足している人だとか、うまくいっている人という意味ではなく、恵みの状態にある人、神の恵みを受けて歩む人、神の道を歩む人のことを指しています。忍耐、貧困、他者への奉仕、慰め……。このような道を歩む人は幸せになり、祝福を受けるということです。

ご自分をわたしたちにお与えになるために神はしばしば、考えられない道、つまりわたしたちの限界の道、涙の道、打ちのめされる道までもをお選びになります。それは、東方の兄弟が語るように、過越の喜び、十字架の傷跡（スティグマ）が刻まれても生きておられるかた、死を経て神の力を味わったかたのことです。真福八端は必ずやあなたに喜びをもたらしてくれます。これは、喜びに至る道です。今日、マタイ福音書の5章1節から11節を開き、真福八端を読んでください。このとても美しい道を理解するため、一週間に数度読むことになるかもしれません。それは、主が与えてくださる幸せを確信させてくれる道です。

（二〇二〇年一月二十九日、パウロ六世ホールにて）

心の貧しい人は幸いである

愛する兄弟姉妹の皆さん、おはようございます。

今日は、マタイ福音書の真福八端の中から、最初の教えを見ていきましょう。イエスは幸福へと至る道を、逆説的なメッセージから説き始めます。「心の貧しい人々は、幸いである」（5・3）。貧しさ――。これが、幸いへの驚くべき道、奇妙な条件だというのです。

よく考えてみなければなりません。ここでいう「貧しい」とは何なのかと。マタイがこのことばだけを用いているならば、それは単純に経済的な貧しさ、つまり糧を得るすべがほとんどなく、他人の助けを必要とする人を意味しているはずです。ところがマタイ福音書は、ルカ福音書とは異なり、それは「心の貧しい人」だといっています。何のことでしょう。聖書によれば、心とは、神がアダムに対して意思の疎通を図る際に用いた、いのちの息吹のことです。わたしたちのもっとも内奥の次元、いうなれば霊的な次元であり、もっとも奥底の部分、わたしたちを人間たらしめるもの、わたしたちの存在の深遠にある核です。ですから「心の貧しい人」とは、その存在の内奥において、困窮し物乞いであるとの自覚をもつ人のことです。イエスはそうした人を幸いな人だと宣言なさいます。天の国は、彼らのものだからです。

どれほど逆のことをいわれてきたことでしょう。この世では、ひとかどの人物になるべきだと。名をなさねばならないと。孤独や不幸はここから生まれます。「ひとかどの人物」でなければならないとすれば、他者と競い、自分というものに過剰にとらわれ頭を悩ませることになります。貧しいことを受け入れられなければ、自分の弱さを思い出させるすべてのものが嫌になります。その弱さゆえに、自分は大物にはなれない、富める者――財産だけでなく名声においても、あらゆることにおいて――にはなれないと思うからです。

自分を見れば思い当たることばかりです。どれほど頑張ろうが、自分はとことん不完全で弱いままだと知っています。このもろさを覆い隠すすべはありません。わたしたちは皆、内的に弱いのです。それを理解しなければなりません。自分の限界を受け入れないなら、人生はどれほど苦しいものとなるでしょう。ひどい人生になります。限界はあるのに、それをないことにはできません。なくなることはないのです。高慢な人は助けを求めたりしません。自力で間に合っていると見せなければならないので、助けてほしいとはいえません。助けを必要としているのに、プライドがじゃまをして助けを求められない人がどれほどいることでしょう。そして間違いを認めて、ゆるしを請うのは、なんと難しいことでしょう。わたしは、結婚生活をうまく送る方法を尋ねる新婚夫婦にアドバイスする際、このように伝えます。「三つの魔法のことばがあります。いいですか、ありがとう、ごめんなさい、です」。これらは、心の貧しさからのことばです。ずうずうしくなるのではなく、逆に、構わないかと尋ねることです。「そうしてもいいかな」と尋ねれば、家族の対話、夫婦の対話が生まれます。「わたしのためにしてくれたのね、ありがとう。してほしかったのよ」と。また、過ちは必ずあるのに、「ごめんなさい」がいえないことがあります。大抵の夫婦、今日ここにたくさん集まっておられるような新婚夫婦は、「いちばん難しいのが三番目」、謝ること、ゆるしを請うことだとおっしゃいます。プライドがじゃまをするからです。プライドが高くて謝れないのです。いつだって自分が正しいからです。そういう人は心の貧しい人ではありません。主はゆるすことに決してうんざりはなさいませんが、残念ながらわたしたちのほうが、ゆるしを請うことに倦《う》んでしまうのです（二〇一三年二月十七日お告げの祈り」［ペトロ文庫『教皇フランシスコ講話集1』二八頁］参照）。ゆるしを求めることが嫌になってしまう――これは悪い病です。

なぜゆるしを求めることが難しいのでしょうか。それが、正義であるはずの自分の姿を辱めるからです。ですが欠点を隠して生きることも、つらく苦しいことです。イエス・キリストは、貧しくあるのは恵みの機会だと教え、この疲労から抜け出す道を示しておられます。心の貧しい者である権利を得ているのは、それが神の国への道だからです。

ただし、基本的なことをはっきりお伝えしておきます。わたしたちは心の貧しい者となるために、自分を変える必要はありません。すでにそのような者なのですから、何ら変える必要はないのです。わたしたちは貧しいのです。いえ、もっとはっきりいえば、わたしたちは心において「素寒貧《すかんぴん》」です。すべてを必要としています。わたしたちは皆、心の貧しい者、物乞いです。それが人間の境遇なのです。

神の国は、心の貧しい人のものです。この世の王国を手にする人もいます。資産家や、不自由なく暮らす人たちです。けれどもそれは、終わりのある王国です。人間の権能は、たとえ大帝国であろうとも、過ぎ去り消えてしまうものです。テレビや新聞でしばしば、昨日まで存在していた強大な権力をもつ支配者や政府が、今日は倒れてなくなってしまうのを目にします。この世の富は消え去るもの、お金もそうです。昔のことばに、遺体を包む布にポケットはない、というものがあります。そのとおりです。引っ越しトラックを従えた葬送行列にお目にかかったことはありません。だれも、何ももってはいけません。ここでの富は、ここにとどまるのです。

神の国は、心の貧しい人のものです。この世の王国を手にする人もいます。資産家や、不自由なく暮らす人です。しかし、わたしたちは彼らの最後を知っています。自分自身よりも本当によいものを愛することのできる人が、真に君臨します。それこそ神の力です。

キリストはどのようにして、力あるご自分を示されたでしょうか。このかたは、この世の王たちがしないこと、人類のために自分のいのちを差し出すことができたのです。これがまことの権能です。兄弟愛の権能、慈善の権能、愛の権能、身を低くする権能。これを行使したのがキリストです。

そこに真の自由があります。身を低くし、仕え、兄弟愛を生きる、この権能をもつ人は自由です。真福八端でたたえられる貧しさは、この自由のためのものです。

わたしたちの存在という、わたしたちが受け入れるべき貧しさと、この世的な意味での貧しさという、わたしたちが目指すべき貧しさがあります。それは、自由なものとなり、愛することができるようになるためのものなのです。

（二〇二〇年二月五日、パウロ六世ホールにて）

悲しむ人は幸いである

愛する兄弟姉妹の皆さん、おはようございます。

真福八端を巡る旅を始めましたが、今日は二つ目の幸いに注目しようと思います。悲しむ人々は、幸いである、その人たちは慰められるというものです。

福音書の原文ギリシア語でこの幸いは、受動形ではなく能動形の動詞で表現されています（訳注：イタリア語では「祝福を受けた人＝幸いとされた人」のように、受動形の動詞の名詞化によって「幸いな人」を表現している）。実際、幸いな人は、こうした悲しみを押しつけられるのではありません。「悲しむ」というのは、心を痛めていること、内側からのものです。これは、キリスト教の霊性の中核になった態度であり、砂漠の教父、歴史に初めて登場した隠修士らが「憂い（penthos）」と呼んだもの、つまり主との関係、そして隣人とのかかわりに開く、内なる苦しみのことです。主との新たなかかわりに、隣人との新たな関係に開くものです。

この悲しみには、聖書では二つの側面があります。一つは、だれかの死や苦しみを思ってのものです。もう一つの側面は、罪を、自分の罪を悲しむものです。神と隣人を傷つけてしまったことを悔やみ、心を痛めることです。

ですから大事なことは、その人の苦しみを共有するまでに相手と強く結ばれて、愛することです。一歩引いて離れている人がいますが、そうではなく、他者に心に裂け目を作ってもらえる自分であることが大切です。

涙のたまものについて、それがどれほど尊いかについては、これまで何度もお話ししてきました（使徒的勧告『キリストは生きている』76、「フィリピン司牧訪問中の若者への講話（二〇一五年一月十八日、マニラ）」、「灰の水曜日のミサ説教（二〇一五年二月十八日）」［ペトロ文庫『教皇フランシスコ講話集3』三九頁］参照）。冷ややかに愛することはできますか。務めとして、義務として、愛することは可能ですか。もちろんできません。慰めを必要とする悲しむ人がいます。ですが、慰めを得たのに、心が石のようになり涙を忘れた、悲しむことが必要な、再度目覚めることが必要な人もいます。他者の苦しみに心を動かされることのない人を目覚めさせる必要もあるのです。

たとえば死の悲しみはつらい道ですが、いのちと、一人ひとりの神聖でかけがえのない価値に目を開かせてくれるきっかけにもなりますし、悼《いた》む中で、時間はいかに短いものであるかに気づかされます。

この逆説的な幸いには、二つ目の意味があります。罪のために悲しむ、というものです。

ここで区別しなければなりません。自分が間違ったことに腹を立てる人がいます。ですがこれはプライドです。そうではなく、神との関係を裏切って、悪いことをした、よいことをしなかったと嘆く人がいます。これは、愛を行わなかったことを悲しむもので、他者の人生を心に留めなかったことから流れ出る涙です。そこでは、わたしたちをこんなにも愛してくださる主にかなわぬ自分を顧みて涙し、行わなかった善を思って悲しむのです。これが罪の感覚です。この人たちは、「愛する人を傷つけてしまった」と吐露し、涙する悲しみを味わっています。このような涙が落ちるとき、神の祝福がありますように。

これは、向き合うべき自身の過ちの問題であり、困難であっても必要なことです。聖ペトロの涙について考えてみましょう。この涙がペトロを、新たな、より真実なる愛へと導きます。清め、新たにする涙です。ペトロはイエスを見て涙を流します。そして彼の心は新たにされました。己の過ちを認めることができず、哀れにも自らいのちを断ったユダとは違います。罪に気づかされることは神からのたまものであり、聖霊のわざによるものです。自力で罪を認めることはありません。それは願い求めるべき恵みです。主よ、わたしたちが行った悪に、犯しうる悪に、気づくことができますように。これは大きな恵みであり、それを理解した後に、悔い改めの涙が訪れるのです。

初期修道者の一人、シリアのエフレム（三〇六頃―三七三年）は、涙で洗われた顔はいいえぬほどに美しいと述べています（*Sermo Asceticus* 参照）。悔い改めの美、落涙の美、痛悔の美です。変わることなく、キリスト者の生き方が最高に表現されるのはあわれみの心においてです。愛と結ばれる苦しみを受け入れる人は、賢く幸せな人です。ゆるし、正してくださる神の優しさである聖霊の慰めを受けるからです。神は必ずゆるしてくださいます。それを忘れないようにしましょう。神はいつだってゆるしてくださいます。どれほどひどい罪でも必ずです。問題はわたしたちの内にあります。ゆるしを願うことにうんざりするのはわたしたちで、自分の中に引きこもり、ゆるしを請わなくなるのです。それが問題なのです。ですが神は、ゆるしてくださるためにそこにおられます。

神は「わたしたちを罪に応じてあしらわれることなく、わたしたちの悪に従って報いられることもない」（詩編103・10）ということをいつも覚えていられたら、あわれみと共感をもって生き、わたしたちの間には愛が生まれ出るでしょう。主がわたしたちに豊かな愛を与えてくださいますように。笑顔でそばに寄り添い、涙することさえある愛を生きることができますように。

（二〇二〇年二月十二日、パウロ六世ホールにて）

柔和な人は幸いである

愛する兄弟姉妹の皆さん、おはようございます。

本日のカテケージスでは、マタイ福音書の真福八端の三つ目、「柔和な人々は、幸いである、その人たちは地を受け継ぐ」（マタイ5・5）について考えます。

ここで使われている「柔和」という表現は、文字どおり、柔らかで、温和で、物静かで、乱暴でないという意味です。柔和は、衝突があるときに表れます。ぶつかり合う状況で、どう反応をするかによって見ることができます。だれしも、何事もないときは柔和だとしても、責められたり、腹が立ったり、誹謗《ひぼう》されたり、「プレッシャーのかかる中」で、どのように応じるかなのです。

聖パウロが「キリストの優しさと心の広さ」（二コリント10・1）について言及している箇所があります。片や聖ペトロは、受難の際のイエスの姿を取り上げています。「正しくお裁きになるかたにお任せになり」（一ペトロ2・23）、イエスは言い返すことも、脅かすこともなさらなかったというものです。イエスの柔和さは、受難においてはっきりと現れるのです。

　聖書では「柔和」ということばは、土地を所有していない人のことも指しています。ですから三つ目の幸いが、柔和な人は「地を受け継ぐ」とはっきり述べていることに驚かされます。

　実はこの幸いは、講話の前に読まれた詩編37の引用です。そこでも、柔和さと土地の所有が結びついています。考えてみれば、この二つは相いれないものに思えます。実際、土地の所有は典型的な争いの舞台であり、特定の地域での覇権を得るための、領土を巡る争いは少なくありません。戦争では強い側が勝利し、他方の土地を占領します。

　では、柔和な人（訳注：同じ語が詩編38・11では「貧しい者」と訳されている）の所有を指すのに使われている動詞をよく見てみましょう。彼らは、土地を占領しません。「柔和な人は幸いである、その人たちは地を占領する」とは書かれていません。その人たちは「受け継ぐ」のです。柔和な人は幸いです、その人たちは地を「受け継ぐ」からです。聖書では、動詞「受け継ぐ」にはもっと深い意味があります。神の民は約束の地であるイスラエルの地を、まさに「受け継ぐ」といっています。

その土地は、神の民に約束されたもの、贈り物であり、単なる領土以上に、はるかに大きな何かを表すしるしとなっています。天国という「土地」――ことば遊びです――、つまりわたしたちが目指して旅をする場所、向かう先である新しい天と新しい地のことです（イザヤ65・17、66・22、二ペトロ3・13、黙示録21・1参照）。

ですから、柔和な人は、最高の領土を「受け継ぐ」人です。その人たちは意気地なしでもなく、問題を避ける方便として礼節を尽くす「軟弱者」でもありません。それはまったく的外れです。彼らは遺産を受け取り、それを無駄にはしない人たちです。柔和な人とは、妥協する人のことではなく、かつてない別の土地を守ることを覚えた、キリストの弟子のことです。自分の平和を守り、自分の神との関係を守り、たまもの、神からの贈り物を守り、あわれみと友愛と信頼と希望を大切にするのです。柔和な人は思いやりに厚く、友愛に深く、強い信頼をもつ人であり、希望を捨てぬ人だからです。

ここで、怒りの罪について言及しなければなりません。だれもが身に覚えのある衝動、乱暴な気勢です。怒ったことのない人はいません。だれにでもあることです。この幸いについて徹底して再考するため、自らを振り返らなければなりません。怒りによって、どれだけのものを壊してきたでしょうか。どれほどのものを失ったでしょうか。一瞬の怒りが多くのものを台なしにします。自制が利かなくなり、本当に大事なものを大切にしなくなります。兄弟姉妹との関係をだめにしてしまい、修復不可能になることもあります。怒りから、多くの兄弟姉妹が口をきかなくなり、互いに距離を取るようになります。それは柔和とは正反対のことです。柔和は集め、怒りは分離します。

柔和は、多くのことを占領します。柔和は心を勝ち取り、友情やその他多くを守ります。かっとなっても、落ち着いて考え直し、自分の行いを振り返れば、柔和をもって人はやり直すことができるからです。

柔和が勝ち取るべき「場所」は、同じくマタイ福音書が語るところの兄弟姉妹の救いです。「いうことを聞き入れたら、兄弟を得たことになる」（マタイ18・15）。他者の心よりも美しい場所はありません。兄弟との間の平和よりも美しい領土はありません。そしてこれこそが、柔和な心で受け継ぐべき地なのです。

（二〇二〇年二月十九日、パウロ六世ホールにて）

義に飢え渇く人は幸いである

愛する兄弟姉妹の皆さん、おはようございます。

今日の謁見では、主が真福八端によって託してくださった、幸福へと続く明白な道について、引き続き考えていきたいと思います。四つ目の「義に飢え渇く人々は、幸いである、その人たちは満たされる」まで来ました。

すでに心の貧しさや悲しみを見てきましたが、今度は飢えと渇きに結びついた、また別の種類の弱さを見ていきます。飢えや渇きは一次的な欲求であり、生存にかかわるものです。一般的な欲求ではなく、食糧のような生命にかかわる日々の必要です。このことを強調しておかなければなりません。

では、義のために飢え渇くとは何を意味しているのでしょうか。当然ながら報復を与えようとする人のことをいおうとしているのではなく、その逆です。前回の幸いは、柔和についての話でした。不正義は確かに人間性を傷つけます。人間社会には、公正さ、真実、社会正義が今すぐ必要です。世界中の人々が苦しんでいる不幸は、父なる神の心に届いていることを忘れてはなりません。わが子の苦しみに心痛まない父などいるでしょうか。

聖書は、神が知っておられ、そしてともに担っておられる、貧しい人や虐げられた人の苦しみについて語っています。出エジプト記が語るように（3・7―10）、イスラエルの子らから上がる抑圧の苦しみの声を聞き、神はその民を解放するために降《くだ》って来られました。しかし主のいわれる義に飢え渇くとは、だれもが心に抱く、人間としての正義に対する正当な欲求よりもはるかに奥深いものです。

イエスは同じ「山上の垂訓」の少し先の箇所で、人権や個人の完成よりも大きな正義について語っています。「あなたがたの義が律法学者やファリサイ派の人々の義にまさっていなければ、あなたがたは決して天の国に入ることができない」（マタイ5・20）。これこそが、神からもたらされる義です（一コリント1・30参照）。

聖書には、肉体的な渇きよりももっと深い、わたしたちの存在の根幹にある欲求が描かれています。詩編は歌います。「神よ、あなたはわたしの神。わたしはあなたを捜し求め、わたしの魂はあなたを渇き求めます。あなたを待って、わたしのからだは乾ききった大地のように衰え、水のない地のように渇き果てています」（63・2）。教父たちは、人の心にあるこの不足感について語っています。聖アウグスティヌスはいいます。「あなたがわたしたちをあなたに向けて創られたからです、そのためわたしたちの心は、あなたのうちに憩うまでは安らぎをえません」（『告白』*Confessiones*, I, 1, 1: PL 32, 661［宮谷宣史訳、『アウグスティヌス著作集5／I　告白録（上）』教文館、一九九三年、二〇頁］）。内なる渇き、内なる飢え、飢餓感……。

一人ひとりの心に、堕落しきった人や正しさからは懸け離れた人であろうとも、どんな人の心にも光への切望が潜んでいます。偽りや過ちの山に埋もれようとも、そこには真理と善を求める渇きがあり、それが神への渇きなのです。この渇きを呼び覚ますかたが聖霊です。このかたは、わたしたち塵《ちり》を形づくった生ける水、生きる者としてくださった創造する息です。

だから教会は、聖霊に満たされて、すべての人に神のことばを告げるために遣わされているのです。イエス・キリストの福音は、人の心に差し出される最大の義であるからです。その自覚がないとしても、生きるに必要なものなのです(1)。

たとえば、男女が結婚にあたって何かすばらしく美しいことを行おうと決意し、それを切望し続けるならば、二人は必ず、困難の中でも恵みの助けを得て前に進む道を見つけるでしょう。若い人たちもまた、この渇きをもち、決して失わないようにしなければなりません。子どもたちの心にある、愛し、優しくし、受け入れようとする渇きを、守りかき立てていかなければなりません。子どもたちはその渇きを、まっすぐにはっきりとぶつけることで表してくれます。

何が本当に大切なのか、何が本当に必要なのか、何が人生をよいものにするのかを、さらに、二の次でいいことは何か、しないでもよいことは何か、一人ひとりがもう一度見直すよう求められています。

この幸いにおいてイエスは、決して失望させられることのない義に対する飢えと渇きについて述べています。神ご自身の心、愛である聖霊、さらにはその聖霊がわたしたちの心に蒔《ま》いてくださった種、それらにこたえるものなので、これを満たせば潤い、必ずやよい実りとなる渇きのことです。義を求めるこの渇きを覚える恵みを、主がわたしたちに与えてくださいますように。その渇きは、神と出会いたい、神を見たい、他者のためによいことをしたいという望みなのです。

（二〇二〇年三月十一日、教皇公邸書斎からのライブ配信）

注

（1）『カトリック教会のカテキズム』2017「聖霊の恵みはわたしたちに神の義を与えます。

聖霊はわたしたちを信仰と洗礼とによってキリストの死と復活に結びつけ、そのいのちにあずからせます」参照。

あわれみ深い人は幸いである

愛する兄弟姉妹の皆さん、おはようございます。

今日は、「あわれみ深い人々は、幸いである、その人たちはあわれみを受ける」（マタイ5・7）という五つ目の幸いについて考えていきます。この幸いには特別な点があります。幸いの原因と結果とが唯一符合しています。――あわれみです。あわれみを行う人はあわれみを得、「あわれみの具現」となるのです。

このようなゆるしの互恵性というテーマは、この幸いにおいてだけでなく、福音全体で語られています。それ以外にはありえないのではないでしょうか。あわれみとは、神の心そのものです。イエスはいわれます。「人を裁くな。そうすれば、あなたがたも裁かれることがない。人を罪人だと決めるな。そうすれば、あなたがたも罪人だと決められることがない。ゆるしなさい。そうすれば、あなたがたもゆるされる」（ルカ6・37）。つねにこの互恵関係にあります。さらにヤコブの手紙は述べます。「あわれみは裁きに打ち勝つのです」（2・13）。

ですがいちばんよく伝えてくれるのは、わたしたちの祈る「主の祈り」です。「わたしたちの負い目をゆるしてください、わたしたちも自分に負い目のある人をゆるしましたように」（マタイ6・12）。しかもこの願いは、最後にもう一度述べられます。「もし人の過ちをゆるすなら、あなたがたの天の父もあなたがたの過ちをおゆるしになる。しかし、もし人をゆるさないなら、あなたがたの父もあなたがたの過ちをおゆるしにならない」（マタイ6・14―15。『カトリック教会のカテキズム』2838参照）。

決して切り離すことのできない二つのことがあります。ゆるすこととゆるされることです。ですが多くの人が、ゆるせずに苦しんでいます。被害があまりにもひどいために、ゆるす気持ちになるには、そそり立つ山を登るような多大な努力を要するため、「できない、無理だ」と思ってしまうことは少なくありません。あわれみの互恵性というこの事実は、視点を転換する必要を示唆しています。わたしたちには自力ではできないことであり、神の恵みが必要で、それを願い求めなければならないのです。実際、第五の幸いがあわれみを受けることを約束し、またわたしたちは主の祈りによって負い目のゆるしを願っているのですから、わたしたちは本質的に負い目のある者なのであり、あわれみを受ける必要があるということです。

わたしたちは皆、負い目のある者なのです。だれもがそうです。果てしなく寛大である神に対して、そして兄弟姉妹に対しての負い目です。どんな人も、自分が百点満点の父や母ではないこと、非の打ちどころのない夫や妻ではないこと、兄弟姉妹ではないことを知っています。わたしたちはだれしも、人生において「借りがある」のです。だからわたしたちはあわれみを必要としているのです。わたしたちは、自分もまた嫌な思いをさせていると分かっています。すべきこととして行った善行には、いつも足りない部分があるのです。

ですが、わたしたちのこの貧しさこそが、ゆるすための力となるのです。わたしたちには負い目があります。冒頭で聞いたように、わたしたちは他人を量るはかりで量り返されるのであれば（ルカ6・38参照）、目方をおおざっぱにして負債を棒引きに、つまりゆるすべきではないでしょうか。それぞれ、ゆるさなければならないこと、ゆるしが必要なこと、辛抱が必要なことを忘れてはなりません。これが、あわれみの鍵です。ゆるすことによってゆるされるのです。神がまず、わたしたちに先立ち、わたしたちを最初にゆるしてくださるからです（ローマ5・8参照）。神からのゆるしを得ることで、今度はわたしたちがゆるせるようになります。ですから、自分の惨めさや義の欠如は、天の国に自らを開くチャンスであり、目方の大きなはかり、あわれみであるかた、神のはかりに自らを開くことになるのです。

わたしたちのあわれみはどこからもたらされるのでしょうか。イエスはわたしたちにこう教えてくださいました。「あなたがたの父があわれみ深いように、あなたがたもあわれみ深い者となりなさい」（ルカ6・36）。御父の愛を受ければ受けるほど、わたしたちはもっと愛することができるようになります（『カトリック教会のカテキズム』2842参照）。あわれみは、もろもろあるものの中の一つの次元ではありません。キリスト者の生活の中心です。あわれみのないキリスト教はありません（聖ヨハネ・パウロ二世回勅『いつくしみ深い神（一九八〇年十一月三十日）』、教皇フランシスコ大勅書『イエス・キリスト、父のいつくしみのみ顔』、同使徒的書簡『あわれみあるかたと、あわれな女』参照）。もしも、わたしたちのキリスト教がすべてにおいて、わたしたちをあわれみへと導かないのならば、それは間違った道をたどったということです。あわれみこそが、どんな霊的な歩みにおいても、唯一の真の目的地だからです。愛のもっともすばらしい実の一つが、あわれみなのです（『カトリック教会のカテキズム』1829参照）。

教皇として最初のお告げの祈りの講話で選んだのが、このテーマだったことを思い出します。あわれみについてでした。そしてあわれみは、教皇としてわたしが伝え続けるべきメッセージ、毎日伝えるべきメッセージだと、深く胸に刻まれています。またあの日は、カスパー枢機卿が出版したばかりのあわれみについての本を宣伝しようという、いささか「図々しい」態度だったことを覚えています。だからその日、わたしは強く感じました。ああ、これこそ、ローマの司教であるわたしが伝えなければならないメッセージであると。あわれみ、ミゼリコルディア。お願いします、ゆるしです。

神のあわれみは、わたしたちの解放であり幸福です。わたしたちはあわれみによって生きており、あわれみなくしては生きられません。呼吸に必要な空気と同じです。わたしたちは自分の側から条件を出すには、あまりに貧しい者たちです。ゆるされる必要があるのですから、ゆるさなければならないのです。ご清聴ありがとうございます。

（二〇二〇年三月十八日、教皇公邸書斎からのライブ配信）

心の清い人は幸いである

愛する兄弟姉妹の皆さん、おはようございます。

今日は六つ目の幸いについて、ご一緒に読みましょう。心の清い人々は、幸いである、その人たちは神を見る、です。

詩編にこのようなものがあります。「心よ、主はお前にいわれる。『わたしの顔を尋ね求めよ』と。主よ、わたしはみ顔を尋ね求めます。み顔を隠（さ）……ないでください」（27・8―9）。

このことばは、神との個人的なかかわりへの渇きを表しています。機械的な関係でない、あいまいなところがいっさいないかかわりです。ヨブ記もまた、個人的なかかわりを真摯なかかわりのしるしとして描いています。ヨブ記はこう語ります。「あなたのことを、耳にしてはおりました。しかし今、この目であなたを仰ぎ見ます」（ヨブ42・5）。わたしはつねづね、これこそが神とかかわりをもつ人生の旅だと思っています。わたしたちは聞かされることで神について知っていますが、経験を積み、前へ、先へ先へと進むにつれ、最後には、わたしたちが忠実であれば神を直接知るようになるのです。そしてこれが聖霊による成熟です。

それほどの親密さを得るには、その目で神を知るには、どうすればよいのでしょうか。エマオの弟子を例に考えてみましょう。彼らのすぐそばに主はいました。「しかし、二人の目は遮《さえぎ》られていて、イエスだとは分からなかった」（ルカ24・16）のです。パンを裂くことでクライマックスを迎え、主が彼らの目を開かれて終わる旅は、叱責から始まっています。「ああ、物分かりが悪く、心が鈍く預言者たちのいったことすべてを信じられない者たち」（ルカ24・25）。これが始まりの叱責です。物分かりが悪く、心が鈍い、ここに目が見えない原因があります。ですから物分かりが悪く心が鈍いと、物事が見えなくなります。雲で覆われたように見えます。この幸いの知恵は、ここにあります。じっと見つめるためには、自分自身の内側に入り、神のための場所を用意しなければなりません。聖アウグスティヌスがいうように、「神はわたしの一番奥深い内面よりもさらに奥深いところにおられる（interior intimo meo）」（『告白』*Confessiones*, III, 6, 11: PL 32, 688［宮谷宣史訳、『アウグスティヌス著作集5／I　告白録（上）』教文館、一九九三年、一四〇頁参照］）のです。神を見るために、見方や視点を変えたり、道を教える神学書の著者を選び直したりする必要はありません。そうした欺瞞から心を解放すべきなのです。それが唯一の道です。

最大の敵は大概自分の心の中にあると気づく、それが決定的な成熟です。もっとも気高い闘いは、心に潜む、罪を生み出す欺瞞と向き合うことです。罪は心の目を変えてしまい、物事の評価基準を変え、真実ではないもの、あるいは真実とは遠いものを見るようにさせてしまうのです。

ですから「心が清い」とは何であるか、それを理解することが大切です。そのためには、聖書における心とは、感情が動くところであるだけでなく、人間の存在の最奥の場所、人がその人自身であるといえる内的空間のことだということを覚えておかなければなりません。これは、聖書における考え方です。

同じマタイ福音書が次のように述べています。「あなたの中にある光が消えれば、その暗さはどれほどであろう」（6・23）。この光とは、心の視力のことであり、見通す力、総覧する力であり、現実を読み解くための立脚点です（使徒的勧告『福音の喜び』143参照）。

ですが「清い」心とは何のことでしょう。心の清さは、主とのかかわりにふさわしいものを心に置き、主の存在にあって生きることです。こうして初めて、「統一された」、筋の通った、ややこしくないシンプルな生き方を手にするのです。

　ですから清い心とは、解放と放棄を伴う歩みから生まれるものです。心の清さとは、生まれもったものではなく、自身の内にある悪を退けることを覚えて、内的簡素化を生きていることを指します。聖書では、それを心の割礼といっています（申命記10・16、30・6、エゼキエル44・9、エレミヤ4・4参照）。

　この内面の清めは、悪の支配下にある心のその場所を認識することを前提とします。「父なるかた、ごらんください。わたしはこんなふうに思っています、こう考えています。醜いことです」。つねに聖霊に教わり導かれるようにするすべを学ぶため、醜い部分、悪の力で曇らされた部分を認識するのです。病んだ心、罪深い心、罪ゆえによいものが見えなくなっている心から光があふれる心へと向かう道は、聖霊のわざによるものです。聖霊が、この道を歩むわたしたちを導いてくださいます。この心の歩みを通して、わたしたちは「神を見る」ようになるのです。

　この幸いには、真福八端を貫く未来の次元、終末的な視点があります。わたしたちが目指して歩んでいる場所、天の国の喜びのことです。ですが別の次元もあります。神を見るということは、自分に起きていることの中にある神の摂理の計画を理解することであり、秘跡の中におられる神の存在、貧しい人や苦しんでいる人を筆頭に、兄弟姉妹の中におられる神の存在を認識することであり、神がご自身を顕示なさっておられる場に気づくということなのです（『カトリック教会のカテキズム』2519参照）。

この幸いは、すでに語られた幸いの実りともいえます。自身の内にある善への渇きを聞き、あわれみにおいて生きていることに気づけたなら、解放の旅路が始まります。これは生涯続き、天国へと至るものです。真剣に取り組む仕事であり、聖霊に、そうしていただけるよう場を譲り、そのわざに心を開くことができるならば、聖霊がしてくださることです。だからこそわたしたちは、わたしたちの中にある神の働き――人生の試練にあっても清めの中にあっても――、神のこうしたわざと聖霊の働きは、大いなる喜びへ、真の平和へと導くのだといえるのです。恐れることなく、聖霊に心の扉を開きましょう。そうすれば聖霊が、わたしたちを清め、最上の喜びへと導いてくれるでしょう。

（二〇二〇年四月一日、教皇公邸書斎からのライブ配信）

平和を実現する人は幸いである

愛する兄弟姉妹の皆さん、おはようございます。

今日の講話は、真福八端の七つ目になります。神の子らであると宣言された、「平和を実現する人々」の幸いです。復活祭直後にこの回が当たり、うれしく思います。パウロ書の朗読にあったように、キリストの平和はその死と復活の実りだからです。この幸いを理解するには、誤解されたり、矮小化《わいしょうか》されたりすることもある、「平和」という語の意味を説明しなければなりません。

平和についての二つの考え方において、立ち位置を定めなければなりません。一つは聖書にあるもので、豊かさ、繁栄、幸福を表す、とても美しいことばシャロームの登場する場面の平和です。ヘブライ語でシャロームを願うのは、すばらしく、満ち足りた、幸福な人生を望んでのことですが、それはメシア、平和の君（イザヤ9・5、ミカ5・4―5参照）において完成する真理と義によるものでもあります。

それからまた「平和」という語には、これを「穏やかな気持ち、安らいでいる」という語の内的平穏と理解する、広く普及した別の意味もあります。現代的な、心理的でより主観的な考え方からのものです。一般に平和とは、静寂、調和、内的安定だと考えられています。この意味の「平和」ということばは不完全で、絶対化できません。人生において落ち着かない時期は、成長のための大切な期間でありうるからです。わたしたちの中に落ち着かなさの種を蒔《ま》く存在が、まさに主であることもたびたびあります。ご自分に会いに来るよう、ご自分を求めるようにです。その意味で落ち着かない心は成長する大切な機会です。内的安定が真の霊的解放ではなく、危機感の薄い良心と同義となることもあります。主はわたしたちを救いに導くために、しばしば「反対を受けるしるし」となって（ルカ2・34―35参照）、わたしたちの誤った安心を揺さぶらざるをえないのです。そんなときは、わたしたちには平和がないように見えるかもしれませんが、ご自身がお与えになる平和へと至るよう、この旅路に導いてくださるかたこそ主なのです。

これについては、主が「わたしは、平和をあなたがたに残し、わたしの平和を与える。わたしはこれを、世が与えるように与えるのではない」（ヨハネ14・27）といわれるとき、ご自分の平和を人間的な平和、この世の平和とは、異なるものとして理解しておられるということを覚えておかなければなりません。イエスの平和とは、この世のものとは違う別の平和なのです。

考えてみてください。世はどのように平和をもたらすでしょうか。武力紛争を考えてみると、戦争の終結にはふつう二とおりあります。どちらか一方の敗北、あるいは講和条約によるものです。つねに後者の方法が選ばれるよう、わたしたちは願い祈るしかありません。ですが、連続する戦争や、様式や場所を移して変容しただけの変わらない争いによって、講和条約の撤回が無限に続くのが歴史であることを、よく考えてみなければなりません。現代においても、さまざまなシナリオで、さまざまな方法によって、「ばらばらと」戦争が行われています（「レディプリア戦争記念碑前でのミサ説教（二〇一四年九月十三日）」、「サラエボ司牧訪問時ミサ説教（二〇一五年六月六日）」、「教皇庁法文評議会でのあいさつ（二〇二〇年二月二十一日）」参照）。少なくとも想像を巡らすべきです。ほとんど経済面・金融面での関心によるグローバリゼーションを背景に、だれかの「平和」が別の人の「戦争」につながっていないだろうかと。それは、キリストの平和ではありません。

では、主イエスはどのように平和を「もたらす」のでしょうか。先ほど、聖パウロが語ったことを聞きました。キリストの平和は「二つのものを一つにし」（エフェソ

2・14参照）、敵意を消し去り和解させます。そして、こうした平和の仕事を完成させる道がキリストのからだなのです。事実このかたは、同じ使徒が別のところで述べているように、その十字架の血によってすべてのものを和解させ、平和を打ち立てておられます（コロサイ1・20参照）。

ここで考えてみたいことがあります。皆で考えてみようと思います。一体どんな人が、「平和を実現する人」なのでしょうか。七つ目の幸いは、いちばん活動的なもの、明確に行動を指すものです。言語表現としては、創造を描く聖書の冒頭部分で用いられている表現と類似性があり、自発性と懸命さを示しています。愛はその性質上創造的で——愛はつねに創造的です——、どんな犠牲を払っても和解を目指します。平和のすべを学び、それを行使する人々は神の子らと呼ばれます。彼らは、自分のいのちを懸けることなしに和解はないと、平和はいつも、何があろうとも求めるべきものであると知っているのです。いつも、何があろうとも——これを忘れないでください。平和はこのように求めなければならないのです。平和は、だれかの固有の能力がそれだけで実らせたものとは違います。わたしたちの平和であり、わたしたちを神の子らにしてくださった、キリストから受けた恵みの表れです。

真のシャロームと真の内的安定が、キリストの平和からもたらされますように。キリストの平和は十字架から生まれ、新しい人類を生み出すのです。新しい人類は、愛のためのつねに新しい道を考案してきた、創意工夫に富む無数の聖人の群れです。平和を築く聖人たちです。キリストの血によって、自らの兄弟姉妹を探し彼らと再び出会う神の子らとなる、その人生こそ真の幸福です。この道を歩む人は幸いです。

あらためまして皆さん。キリストの平和のうちに、復活祭おめでとうございます。

（二〇二〇年四月十五日、教皇公邸書斎からのライブ配信）

義のために迫害される人は幸いである

愛する兄弟姉妹の皆さん、おはようございます。

本日の謁見をもって、福音書の真福八端の旅を終えます。先ほど聞いたように、最後の幸いは、義のために迫害される人の得る終わりの日の喜びを宣言しています。

この幸いは、一つ目と同じ幸いを告げています。天の国は、心の貧しい人々のものであるのと同じく、迫害される人々のものだということです。こうしてわたしたちは、これまで告げられたものによって解き明かされた、一つの旅の終わりにたどり着いたことを理解します。

心の貧しい人、悲しむ人、柔和な人、義に飢え渇く人、あわれみ深い人、心の清い人、平和を実現する人は、キリストのために迫害を受けるかもしれません。ですがその迫害は最後には喜びをもたらし、天の国で大きな報いとなるのです。真福八端の道は、世に従う生き方から神に従う生き方へ、肉に操られる生き方、つまり利己的な生き方から、聖霊に導かれた生き方へと導く過越の道です。

偶像、妥協、優先順位のある世は、こうした生き方を認めることができません。人間的な考えから生じることの多い「罪の構造[1]」は、この世は受け取ることのできない真理の霊（ヨハネ14・17参照）とは無縁です。それによって、貧しさ、柔和さ、清さを拒み、福音に従う生き方を間違いや問題だと公言して、隅に追いやることはできません。世は「この人たちは理想主義者か狂信者」だと捉えています。そう考えているのです。

世の中がお金で回っているならば、あくなき欲望のシステムにとっては、人生は与えることと犠牲によってなし遂げられると説く人は迷惑な存在となります。この「迷惑」ということばが鍵なのです。キリスト者のあかし一つにしても、キリスト教に従う多くの人にとってはとてもよいものですが、この世的な考え方の人にとっては厄介なものになるのです。そうした人は、それをとがめだてだと感じます。聖なるものが出現し、神の子らが登場すると、その美の中には、態度を決めるよう迫る迷惑なものがあるのです。問いただされ、善なるものに自らを開くのか、それともその光を拒んで心をかたくなにし、敵意や執拗な憎しみをつのらせるまでになるのか（知恵2・14—15参照）。殉教者の迫害において、敵意が憎悪へと至るそのプロセスは異様で、興味を引きます。前世紀のヨーロッパの独裁者による迫害を見ればいいのです。キリスト者、キリスト教のあかし、そしてキリスト者の英雄的行為に対する憎悪が、どのようにして抱かれていくのか。

ですがこれは、迫害の悲劇が、この世的な成功、見栄、妥協への服従から解放される機会でもあることを示しています。キリストゆえに世から拒まれた人々は、何に喜びを覚えるでしょうか。彼らは、世界のすべてよりも価値あるものを見いだしたことを喜んでいます。まさしく、「人は、たとえ全世界を手に入れても、自分のいのちを失ったら、何の得があろうか」（マルコ8・36）ということなのです。何の得があるというのでしょう。

この瞬間にも、世界各地で迫害に苦しむ多くのキリスト者がいることを思うと胸が痛みます。だから一刻も早く、彼らの試練が終わることを願い祈らなければなりません。大勢いるのです。現代の殉教者は、紀元一世紀の殉教者よりも多くいるのです。この兄弟姉妹への寄り添いを示しましょう。わたしたちは一つのからだであり、こうしたキリスト者は、キリストのからだ――教会です――の、血を流す手足なのです。

ただしこの幸いについて、被害者意識、自己憐憫の観点で解釈しないよう気をつけなければなりません。現に、侮蔑は迫害と同義であるとは限りません。イエスは、キリスト者は「地の塩」であるといわれたその直後に、「塩気がなくなる」危険について警告し、そうなると塩は「もはや、何の役にも立たず、外に投げ捨てられ、人々に踏みつけられるだけ」（マタイ5・13）だといわれています。ですから、わたしたちがキリストの香り、福音の香りを放たなくなったときの、わたしたちのほうに責がある、それゆえの侮蔑もあるのです。

わたしたちは、真福八端の謙遜の道に忠実でなければなりません。この道は、世のものではなく、キリストのものへと導いてくれるからです。聖パウロの軌跡を思い起こすことは有意義です。パウロは、自分が正しい者だと思っていたときには実際は迫害者でしたが、自分が迫害者であることに気づいたとき、彼は愛の人に、自分が受ける迫害の苦しみに喜びをもって立ち向かう人になったのです（コロサイ1・24参照）。

わたしたちがキリストの受難と結ばれ、十字架につけられたキリストと似た者となる恵みを神が与えてくださるならば、排斥や迫害は新しいいのちの顕示です。このいのちは、キリストのいのちと同じものです。わたしたち人間のため、わたしたちの救いのために「卑しめられ、無視された」（イザヤ53・3、使徒言行録8・30―35参照）かたのいのちです。このかたの霊を受け入れることで、世の欺瞞と妥協せず、その拒絶に屈することなく、世のためにいのちを差し出すほどの愛を心にもつことができます。

この世との妥協は危険です。キリスト者はつねに、世と、この世的な考えと妥協する誘惑を受けています。妥協を拒み、イエス・キリストの道を歩むこと。それこそ天の国での生き方であり、最上の喜び、真の幸福なのです。そして迫害の中にはいつも、わたしたちのそばにいてくださるイエスの存在があり、わたしたちを慰めてくださるイエスの存在があり、前に進めるよう支えてくださる聖霊の力があります。福音に結ばれた生き方ゆえに人々からの迫害を招いたとしても、落胆してはなりません。この道には、わたしたちを支えてくださるかた、聖霊がおられるのです。

（二〇二〇年四月二十九日、教皇公邸書斎からのライブ配信）

注

（1）「金銭の偶像化、貪欲、腐敗は、ヨハネ・パウロ二世が命名したとおり、すべて「罪の構造」であり、それらは「無関心のグローバリゼーション」によって生み出されています」（教皇フランシスコ「教皇庁社会科学アカデミー主催セミナー「新しい連帯のかたち――兄弟愛によるインクルージョン、インテグレーション、イノベーション」参加者へのあいさつ（二〇二〇年二月五日）」）。

世をいやす

はじめに

愛する兄弟姉妹の皆さん、おはようございます。

このパンデミックはなおも深い傷を与え、わたしたちの脆弱《ぜいじゃく》さを露わにしています。どの大陸でも、多数の死者と膨大な数の患者が出ています。大勢の人、多くの家族が、社会経済の問題から先の見えない日々を過ごし、とくに貧しい人がその影響を受けています。

だからこそわたしたちは、じっとイエスを見つめなければなりません（ヘブライ12・2参照）。そのかたへの信仰から、イエスご自身がもたらしてくださっている神の国に希望を置かなければなりません（マルコ1・5、マタイ4・17、『カトリック教会のカテキズム』2816参照）。いやしと救いのみ国は、すでにわたしたちの間にあります（ルカ10・11参照）。愛のわざにおいて目に見えるものとなっている正義と平和のみ国は、なおいっそう希望と信仰を強めてくれます（一コリント13・13参照）。伝統的にキリスト教では、信仰、希望、愛は、単なる感情や思想的立場をはるかに超えるものです。聖霊の恵みによってわたしたちに注がれる徳であり（『カトリック教会のカテキズム』1812―1813参照）、わたしたちをいやし、わたしたちをいやし手に変えるたまものであり、この時代の荒波を突き進むときにさえ、わたしたちを新しい地平へと開かせてくれるたまものなのです。

信仰と希望と愛の福音との新たな出会いは、創造的で新たにされた心的態度をもてるよう促してくれます。そうなればわたしたちは、肉体的、精神的、社会的病の根を変えられるはずです。わたしたちを分裂させ、人間家族と地球を脅かす、不公平なシステムと破壊行為とに、徹底していやしをもたらせるようになるのです。

イエスの公生活には、多くのいやしの例があります。熱病（マルコ1・29―34参照）、重い皮膚病（マルコ1・40―45参照）、中風《ちゅうぶ》（マルコ2・1―12参照）を患う人たちを治したり、目の見えない人（マルコ8・22―26、ヨハネ9・1―7参照）、耳が聞こえず舌の回らない人（マルコ7・31―37参照）を回復させたりしますが、実のところ、身体的苦しみだけでなく、その人全体をいやしておられるのです。そうしてイエスはその人をコミュニティに戻れるようにしてくださり、いやしてくださいます。孤立から解放してくださるというのは、その人をいやしてくださることなのです。

ここで、この謁見の始めに読まれた、カファルナウムで中風の人をいやした美しい話（マルコ２・１―12参照）について考えてみましょう。イエスが戸口の辺りで説教しておられると、四人の男が中風の友人をイエスのもとに運んできました。ところが大勢の人でごった返しており、入ることができず、屋根に穴を開けて、説教をしておられるイエスの目前に床をつり降ろします。「イエスはその人たちの信仰を見て、中風の人に、「子よ、あなたの罪はゆるされる」といわれた」（５節）。そして目に見えるしるしとして、こう重ねます。「わたしはあなたにいう。起き上がり、床を担いで家に帰りなさい」（11節）。

なんとすばらしいいやしの例でしょうか。キリストのわざは、こうした人々の信仰に、ご自分に寄せる希望に、彼らが互いに向ける愛に、直接こたえるものです。イエスはこのようにいやしてくださいますが、中風という病を治すだけでなく、すべてを回復させ、罪をゆるし、中風の人とその友らのいのちを新たにされます。いうなれば、新しく生まれさせるのです。肉体のいやしと心のいやし、どちらもが個人的な出会いと社会的な出会いの実りです。この友情と、その家にいた皆の信仰が、イエスのわざによって深まっていく様子を思い浮かべてみてください。いやしとなる、イエスとの出会いです。

さて、考えてみましょう。今日のこの世界をいやすため、わたしたちはどのような支援ができるでしょうか。霊魂とからだの医師であるかた、主イエスの弟子であるわたしたちは、物理的、社会的、霊的な意味で、そのかたの「いやしと救いのわざ」（『カトリック教会のカテキズム』1421）を続けるよう求められています。

教会は、秘跡を通してキリストのいやしの恵みを届け、辺境の地で医療サービスを提供してはいますが、それでもこのパンデミックの予防や対策に精通しているわけではありません。まして、具体的な社会政治的指示を出すこともありません（聖パウロ六世使徒的書簡『オクトジェジマ・アドヴェニエンス（一九七一年五月十四日）』4参照）。それは、政治や社会の指導者がすることとです。ですが教会は、何百年もの間、福音の光のもとに、基礎となるいくつかの社会原理を発展させてきました（教皇庁正義と平和評議会『教会の社会教説綱要』160―208参照）。わたしたちが求める未来を準備するための前進を助ける原理です。それぞれ密接に関連していますが、おもなものを取り上げようと思います。人間の尊厳の原理、共通善の原理、貧しい人を優先した選択の原理、財貨が万人のためにあるという原理、連帯の原理、補完性の原理、わたしたちがともに暮らす家を守る原理です。これらの原理は、指導者、社会の責任を担う者が、成長と、そしてまたこのパンデミックにあっても、個人や社会が織り成すものを補修していく助けとで表しています。これらの原理はすべて、信仰、希望、愛という徳をさまざまなかたちで表しています。

これからの数週間、このパンデミックが浮き彫りにした差し迫った問題、なかでも社会的な病について、皆さんと一緒に考えたいと思います。福音、対神徳、教会の社会教説が教える諸原理、これらに照らして考えていこうと思います。わたしたちカトリックの社会に対する伝統が、重い病に苦しむこの世界をいやす人類家族にとってどのような助けとなるのか、一緒に探っていきましょう。未来の世代にとって希望に満ちたよりよい世界を築くため、いやし手であるイエスに従う弟子として、皆で思案し、行動するよう願ってやみません（使徒的勧告『福音の喜び』183参照）。

（二〇二〇年八月五日、教皇公邸書斎からのライブ配信）

信仰と人間の尊厳

愛する兄弟姉妹の皆さん、おはようございます。

パンデミックは、わたしたち皆がいかにもろく、いかに互いと結びついているかを浮き彫りにしました。もっとも隅に置かれた人、いちばん深刻な被害を受けている人を優先し、わたしたちは互いを、さらには被造物をも大切にしなければ、この世界をいやすことはできません。

この数か月の間、自分の健康を危険にさらしてまで病者のために献身的に尽くし、人として、キリスト者として、隣人愛をあかししてきた多くの人の努力をたたえたいと思います。彼らこそがヒーローです。しかし、闘うべき病はコロナウイルスだけではありません。このパンデミックは、より広い意味での社会の病を暴き出しました。その一つは、ゆがんだ人間観、人間の尊厳や、互いにかかわり合うという人間の本質を無視した見方です。わたしたちは時として、他者を使い捨てる対象として見てしまいます。まさにこうした考え方は、利己的で攻撃的な使い捨て文化をやみくもに助長し、人間を消費財に変えてしまうのです（使徒的勧告『福音の喜び』53、回勅『ラウダート・シ』22参照）。

しかしわたしたちは、信仰の光のもと、神が人間を異なる見方で見ておられることを知っています。神はわたしたちを物としてではなく、愛され、愛することのできる人として創造されたのです。ご自分の似姿、かたどりとして創造されました（創世記1・27参照）。このようにして神は、わたしたちに比類のない尊厳をお与えになり、ご自分との交わりの中で、兄弟姉妹との交わりの中で、被造物を大切にして生きるよう求めておられます。交わりの中で、調和をもって、ともいえるでしょう。被造界は調和であり、わたしたちはその調和をもって生きるよう求められています。そしてその交わりの中で、交わりであるその調和の中で、神は、子を産みいのちを守る力（創世記1・28―29参照）、大地を耕し世話する力（創世記2・15、回勅『ラウダート・シ』67参照）を与えてくださいます。調和がなければ、子を産みいのちを守ることはできず、破壊されてしまいます。

福音書の中に、調和ではない利己的な物の見方の例があります。弟子ヤコブとヨハネの母がイエスに求めた願いです（マタイ20・20―28参照）。彼女は自分の息子たちが新しい王の左と右の座に座れるようにと願います。しかしイエスは、別の見方、すなわち奉仕の視点と、自分のいのちを他者のために差し出すという視点を示します。そして、すぐに二人の盲人の視力を回復させ、彼らをご自分の弟子にすることによって、それを確かなものとなさいます（同20・29―34参照）。人生で上に行こう、他者より優位に立とうとすることは、調和を壊します。それは支配の論理、他者を意のままに動かそうとする論理です。調和はそれとは別のものです。それは奉仕なのです。

ですから、兄弟姉妹、なかでも苦しんでいる兄弟姉妹に関心をもつ目を与えてくださるよう主に願いましょう。イエスの弟子であるわたしたちは、無関心であったり、利己的であったりしたくはありません。この二つは、調和に反する悪しき態度です。無関心とは、目を背けることです。利己主義とは、自分の利益だけを見ることです。神が造られた調和はわたしたちに、他者、他者の必要、他者の抱える問題に目を向け、交わりをもつよう求めています。わたしたちは、人種や言語や境遇がどうであれ、すべての人に人間の尊厳を認めたいのです。調和はあなたを、人間の尊厳が認められるよう導いてくれます。人間を中心にして、神が造られた調和です。

第二バチカン公会議は、この尊厳は不可侵であると強調しています。「「神の像」として造られ」（『現代世界憲章』12）たからです。この尊厳は、社会生活全体の基盤であり、その活動原理を規定するものです。現代文化において、人間の譲れない尊厳の原理にもっとも近い言及をしているのは、聖ヨハネ・パウロ二世が「人類の長く困難な道のりにあるマイルストーン」（「国連総会での演説（一九七九年十月二日）」7）、「人間の良心のもっとも崇高な表現」（「国連総会での演説（一九九五年十月五日）」2）と定義した、世界人権宣言です。権利には、個人だけでなく、社会、すなわち民族や国家のものもあります（教皇庁正義と平和評議会『教会の社会教説綱要』157参照）。人間はまさに、その個人の尊厳を有しつつ、三位一体の神に似せて造られた、社会的な存在です。わたしたちは社会的存在です。この社会的調和の中で生きていく必要があります。しかし利己心があると、わたしたちの視線は他者や共同体に向けられず、自分に向かいます。それにより醜く、意地悪く、身勝手になり、調和を乱すのです。

すべての人間に尊厳があるというこの新たな認識は、社会、経済、政治に深くかかわっています。兄弟姉妹と全被造物を御父の愛からの贈り物として見ることで、目を配り思いやる態度と驚きが生まれます。このように信者は、隣人をよそ者としてではなく兄弟姉妹として見、軽蔑や敵意ではなく、思いやりと共感をもって見守るのです。信仰の光に照らして世界を見つめつつ、過去の悲劇を解決するため、恵みの助けを借りて、己の創造性と熱意を高めようと努めるのです。そして自身の能力を、そうした信条から生じる責任（『教会の社会教説綱要』157参照）として、すなわち、人類と被造物に仕えるために神が与えてくださったたまものとして捉え、発展させるのです。

皆で、すべての人を無差別に襲うウイルスに対処すべく努力する一方、人間の尊厳の侵害を前に、信仰はわたしたちを真剣かつ積極果敢に無関心との闘いへと駆り立てます。この無関心の文化は、使い捨て文化を伴っています。自分に関係のないことには興味がないのです。信仰はつねに、個人的なものであれ社会的なものであれ利己主義から——たとえば政党の利己主義もあります——いやされ、回心することを求めています。

主が「わたしたちの視力を取り戻して」くださり、人類家族の一員であることの意味を再発見できますように。そしてその視力が、一人ひとりへの思いやりと敬意、そしてわたしたちのともに暮らす家をケアし守るための具体的な行動へと転換していきますように。

（二〇二〇年八月十二日、教皇公邸書斎からのライブ配信）

貧しい人を優先する選択、そして愛の徳

愛する兄弟姉妹の皆さん、おはようございます。

このパンデミックは、貧しい人の窮状と、世界にはびこる著しい格差を露わにしました。このウイルスは人を区別しませんが、破壊的なその経路には、深刻な不平等と差別が存在しています。そして、それらをさらに悪化させたのです。

ですから、このパンデミックには二つの面から対応すべきです。一方では、全世界を屈服させたこの小さくも恐ろしいウイルスの治療法を見いだすことが不可欠です。他方では、より大きなウイルス、社会的不正義、機会の不平等、社会からの疎外、いちばんの弱者に対する保護の欠如といったウイルスを治療しなければなりません。治療のためのこの二つの対応には、福音に従うのなら欠いてはならない選択があります。貧しい人を優先する選択です（使徒的勧告『福音の喜び』195参照）。そしてこれは、政治的な選択ではなく、ましてやイデオロギー的なものでも、党派のための選択でもありま

せん。貧しい人を優先する選択は、福音の中心にあるものです。それを最初になさったのはイエスです。初めに朗読されたコリントの信徒への手紙の一節で聞きました。このかたは、豊かであられるのに、わたしたちを豊かにするためにご自分を貧しくされました。わたしたちと同じ者になられたのです。だからこそ福音の中心に、イエスの教えの中心に、この選択があるのです。

神であるキリストが、ご自分の身分を捨て去り人間と同じ者になられ、特権的生活ではなく、しもべの身分を選ばれました（フィリピ2・6―7参照）。しもべとなることで、ご自分を無になさいました。貧しい家に生まれ、職人として働かれました。宣教活動の始めに、神の国では貧しい人が至福にあると告げました（マタイ5・3、ルカ6・20、使徒的勧告『福音の喜び』197参照）。病気の人、貧しい人、疎外された人たちの中に身を置き、彼らに神のいつくしみ深い愛を示されました（『カトリック教会のカテキズム』2444参照）。また、幾度となく汚れた者とされました。当時の律法で汚れた者とされていた病者や重い皮膚病を患った人のもとに行ったからです。そしてイエスは危険を冒してまで、貧しい人に寄り添われたのです。

ですからイエスに従う者たちは、貧しい人、小さくされた人、病気の人、拘留されている人、疎外されている人、見捨てられた人、食べ物も衣服もない人に寄り添うことによって認識されるのです（マタイ25・31―36、『カトリック教会のカテキズム』2443参照）。わたしたちは、わたしたち皆がそれをもって裁かれる、有名な判断基準を読むことができます。全員それで裁かれます。マタイによる福音書の25章です。これは、キリスト者の真正さを量る重要な基準です（ガラテヤ2・10、使徒的勧告『福音の喜び』195参照）。貧しい人を優先するこの愛は、一部の人だけの務めだと誤解している人もいますが、実際のところ、それは教会全体の使命なのだと聖ヨハネ・パウロ二世は語っています（回勅『真の開発とは』42参照）。「すべてのキリスト者とすべての共同体は、貧しい人々……を解放し高める神の道具となるよう呼ばれています」（使徒的勧告『福音の喜び』187）。

信仰と希望と愛は、もっとも困窮している人を優先するよう、わたしたちを駆り立てずにはおきません（教皇庁教理省指針「解放の神学のいくつかの側面について（一九八四年）」Ⅵ［邦訳は勝田吉太郎他著、『解放神学　虚と実』荒竹出版、一九八六年、所収］参照）。それは、単に必要な支援を行う以上のことなのです（使徒的勧告『福音の喜び』198参照）。それはまさに、ともに歩むことであり、苦しむキリストをよく知る彼らによって、自分たちが福音化されること、彼らの救いの経験、彼らの知恵、彼らの創造性に、自分たちが「感染」させられることなのです（同参照）。貧しい人と分かち合うことは、互いが豊かになることを意味します。彼らが未来を夢見ることを妨げる病んだ社会構造があるのなら、そこにいやしをもたらし、それを変えるためにともに働かなければなりません（同195参照）。キリストの愛は、このうえなくわたしたちを愛し抜かれるところまで達し（ヨハネ13・1参照）、境界、周縁、実存的辺境にまで到達するのです。周縁を中心にすることとは、わたしたちのために「貧しくなられ」、「主の貧しさによって」（二コリント8・9）わたしたちを豊かにしてくださるキリストに、生き方の軸を置くことです（教皇ベネディクト十六世「第五回ラテンアメリカ・カリブ司教協議会総会開会のあいさつ（二〇〇七年五月十三日）」3参照）。

わたしたちのだれもが、パンデミックの社会的影響を危惧しています。すべての人がです。多くの人が、日常に戻り、経済活動を再開したいと思っています。もちろんそのとおりです。しかしその「日常」には、社会的不正義や環境破壊があってはなりません。このパンデミックは危機であり、危機の後、同じなわけはありません。よくなっているか、悪くなっているかのどちらかです。社会的不正義や環境破壊を改善するために、わたしたちは前よりよくなっていなければなりません。今日わたしたちは、これまでとは違うものを構築する機会を得ました。たとえば、単なる福祉国家政策ではなく、貧しい人の全人的な発展を促す経済を推し進めることもできます。だからといって、支援を非難したいのではありません。支援事業は重要です。イタリアの教会がもっているもっともすばらしいシステムの一つである、ボランティア活動のことを考えてみてください。しかしさらに踏み込んで、わたしたちを支援へと駆り立てる原因となっている問題を解決しなければなりません。尊厳ある雇用の創出とは切り離された収益といった、現実には社会を毒する対策に頼ることのない経済です（使徒的勧告『福音の喜び』204参照）。その種の利益は、庶民に利益をもたらすはずの実体経済から切り離されており（回勅『ラウダート・シ』109参照）、さらに、ともに暮らす家に及ぶ被害にも往々にして無関心です。貧しい人を優先的に選択すること、神の愛から生じるこの倫理的・社会的必要は（回勅『ラウダート・シ』158参照）、人々が、なかでもいちばんに貧しい人々が中心になる経済を編み出し、設計するようわたしたちを刺激します。そしてまた、ウイルスの治療をもっとも必要としている人を優先して、治療法を構築するようにも促しています。もしも富裕層に新型コロナウイルスのワクチンが優先的に供給されるなら、それは嘆かわしいことです。このワクチンが全世界のすべての人のものではなく、特定の国々の所有物になってしまうなら、それは悲しいことです。また、現在行われているあらゆる経済支援――ほとんどが公費です――が、排除されている人の包摂、最底辺の底上げ、共通善、被造物保護、これらに貢献しない企業の救済に集中しているなら、それはとんでもない醜聞です（同参照）。支援すべき企業を選ぶ基準は、その企業が排除されている人の包摂に、最底辺の底上げに、共通善に、被造物の保護に、寄与しているかどうかです。四つの基準です。

もっとも貧しい人やいちばん脆弱《ぜいじゃく》な人にとって不公正な世界で、新型コロナウイルスがさらなる猛威を振るうなら、わたしたちはその世界を変えなければなりません。身体的、社会的、霊的ないやしをもたらす、欠けるところのない神の愛の医師イエスを模範に（ヨハネ5・6―9参照）、イエスが行われたいやしのわざのように、わたしたちは微細な目に見えないウイルスが引き起こす感染症を治療し、巨大で目に見える社会的不正義が引き起こす伝染病を治療するために、今こそ行動しなければなりません。それを、神の愛から出発して、周縁を中心に置き、もっとも後回しにされる人ファーストで行うよう提案したいと思います。わたしたちが裁かれることになる基準、マタイ福音書25章の基準を忘れないでください。この感染拡大からの回復のために、それを実践していきましょう。希望と信仰に根ざした具体的な愛のわざから始めるなら、もっと健全な世界を実現させることができるでしょう。さもなければ、わたしたちはいっそう悪化した状態でこの危機を終えることになってしまいます。主がわたしたちを助けてくださり、今日の世界の必要にこたえつつ、前よりよくなってこの危機を抜け出る力を与えてくださいますように。（二〇二〇年八月十九日、教皇公邸書斎からのライブ配信）

財貨は万人のためにあることと希望の徳

愛する兄弟姉妹の皆さん、おはようございます。

パンデミックとその社会的影響に直面して、多くの人が希望を失う危険にさらされています。この不確実で不安な時期に、わたしは皆さんに、キリストからもたらされる希望のたまものを受け入れるよう呼びかけます。このかたこそが、病、死、不正義の荒波の中を進めるよう助けてくださいます。病と死と不正義は、わたしたちの最終目的地を決定づけるものではありません。

パンデミックは社会問題を、なかでも格差の問題を浮き彫りにし、さらに悪化させています。一部の人は在宅ワークができたとしても、ほかの多くの人にとってそれは不可能です。一部の子は、困難な状況でも学校の授業を受け続けられますが、他の膨大な数の子は、それが突然打ち切られています。一部の力のある国は危機に対処するために通貨を発行できますが、そうでない国にとってそれは、未来を抵当に入れることを意味します。

　こうした格差の症状が、社会的な病を示しています。それは、病んだ経済から生じるウイルスです。経済は病んでいる——率直にそういわなければなりません。経済は病を患っています。不公平な経済の成長の産物、これが病なのです。人間の根本的な価値を無視した、不平等な経済の成長の産物です。今日の世界では、ほんの一握りの超富裕層が、残りの人全体がもっているものよりも多くを所有しています。考えてほしいので繰り返します。一握りの超富裕層、ごく少数が、残りすべての人よりも多くを所有しています。これは純然たる統計値です。これは、天に向かって叫ぶべき不正義です。さらにこの経済モデルは、わたしたちがともに暮らす家である地球が受けた被害に無関心です。ともに暮らす家を大切にしていません。わたしたちは、このすばらしい惑星の多くの限界をほとんど越えていて、そこには生物多様性の喪失や気候変動、海面上昇、熱帯雨林の消失など、深刻で不可逆的な結果が生じているのです。社会的不平等と環境破壊は並行して進行し、同じ根をもつものです（回勅『ラウダート・シ』101参照）。それは、兄弟姉妹を所有したい、支配したいという罪、自然や神ご自身を所有したい、支配したいという罪です。しかし、それは創造の計画とは違うものです。

「初めに、神は地とその産物とを人類の共同の管理にゆだね、人類がそれに手を加え……るようにはからわれました」（『カトリック教会のカテキズム』2402）。神はわたしたちに、ご自分の名のもとに地を支配し（創世記1・28参照）、そこを耕し、すべての人の園として守るよう（創世記2・15参照）求めました。「『耕す』は培うこと、鋤《す》くこと、働きかけることを、「守る」は世話し、……見守……ることを意味します」（回勅『ラウダート・シ』67）。ですがこれを、地球を思いのままにしてよいという全権委任と解釈しないよう注意してください。そうではありません。わたしたちと自然の間には「互恵的責任というかかわり」（同）が存在します。わたしたちと自然の間には互恵的責任というかかわりがあるのです。わたしたちは被造物から受け取り、代わりにわたしたちのほうからも与えるのです。「各共同体は、生存に必要なものなら何でも大地の恵みからいただくことができますが、大地を保護……する義務を有してもいます」（同）。どちらもがあるのです。

地球はまさに、「わたしたちより前から存在し、それはわたしたちに与えられたものです」（同）。神から与えられた、「全人類のためのものです」（『カトリック教会のカテキズム』2402）。ですから、その実りが一部の人だけでなくすべての人に行き渡るようにすることは、わたしたちの責務なのです。そしてこれは、わたしたちと地上の財との関係の、鍵となる要素です。第二バチカン公会議の教父たちが言及したとおり、「人間は、富の使用に際して、自分が正当に所有している富も単に自分のものとしてだけでなく、共同のもの、すなわち富が自分だけでなく他人にも役立ちうるという意味において共同のものであると考えなければならない」（『現代世界憲章』69）のです。事実、「ある財貨を所有するということはその所有者が神の摂理の管理者にされるということであり、当人はその実を結ばせ、手にした利益を他の人々と……分かち合うべきなのです」（『カトリック教会のカテキズム』2404）。わたしたちは富の管理者であって、主人ではありません。管理者です。「しかし、この財貨はわたしのものです」。確かにそれはあなたのものです。ですがそれは管理するものであって、自分本位に自分のために所有するものではないのです。

わたしたちが所有しているものが、共同体に意味をもたらすことを確実にするために、「政治をつかさどる者は、所有権の正しい行使を共通善のために規制する権利や義務を持っています」（同2406。『福音の喜び』71、聖ヨハネ・パウロ二世回勅『真の開発とは』42、同回勅『新しい課題――教会と社会の百年を振り返って』40、48参照）。「財貨は万人のためにある、（これ）……に私有財産は隷属するという原則は、社会行動における黄金律であり、「倫理的、社会的秩序全体の第一原則」なのです」（回勅『ラウダート・シ』93。聖ヨハネ・パウロ二世回勅『働くことについて』19参照)。

財産、お金は、使命に奉仕しうる道具です。ところがわたしたちは、それらをすぐに目的――個人あるいは集団の――に変えてしまいます。そうなると、人間の本質的な価値が損なわれます。ホモ＝サピエンス（知恵の人）は変形して、利己的で、計算高く、支配的という、悪い意味でのホモ＝エコノミクス（経済の人）の一種になってしまうのです。わたしたちは、神の像と似姿にかたどられた被造物で、社会的、創造的、連帯的存在で、愛するためのはかりしれない能力を有していることを忘れていま す。忘れがちなのです。実際、わたしたちはあらゆる種の中でもっとも協力的な生物で、共同体の中で繁栄しており、そのことは、聖人たちの経験にもはっきり見られます。この言い回しが浮かんだのは、あるスペイン語のことばからです。「Florecemos en racimo como los santos（わたしたちは聖人たちのように、群れをなして花を咲かせます）」。聖人たちの経験に見るように、わたしたちは共同体の中で花を開かせるのです。

所有したい、支配したいという強迫観念が数えきれないほどの人を最低限必要な物も得られなくするときに、経済格差、科学技術の不平等が社会構造を引き裂くものとなるときに、際限のない物質的進歩への依存がともに暮らす家を脅かしているときに、ただ傍観しているわけにはいきません。だめです。それはひどすぎます。突っ立って眺めていてはいけないのです。まなざしをイエスに向け（ヘブライ12・2参照）、イエスの愛はその弟子の共同体を通して働くという確信をもって、これまでとは異なる、よりよいものを生み出していくという希望を胸に、皆でともに行動しなければなりません。神に根ざしたキリスト者の希望は、わたしたちの錨《いかり》です。分かち合う意欲を支え、すべてのものをわたしたちと分かち合ってくださったキリストの弟子としての使命を力づけてくれます。

最初のキリスト教共同体は、このことがよく分かっていました。彼らもわたしたちと同じように、困難な時代を生きていました。彼らは、心も思いも一つにしていることを自覚して、財産をすべて共有し、自分たちを包むキリストからの豊かな恵みをあかししています（使徒言行録4・32―35参照）。わたしたちは危機を経験しています。パンデミックにより、だれもが危機にさらされています。ですが覚えておきましょう。危機を経た後には、人は以前と同じではなく、よくなるか悪くなるかなのです。選ばなければならないのです。危機の後もわたしたちは、社会的不正義を生み、環境、被造物、ともに暮らす家である地球の世話をないがしろにする、この経済システムを持続していくのでしょうか。それを考えましょう。二十一世紀のキリスト教共同体が、被造物の世話と社会正義という並行する現実を回復させることで、主の復活をあかしすることができますように。創造主が与えてくださったものを大切にするならば、だれもが不足しないよう自分の持ち分を分かち合うために差し出すならば、わたしたちはより健全で平等な世界を再生する希望を真に抱けるでしょう。

最後に、子どもたちについて考えてみましょう。統計を見てください。先ほど申し上げたような経済システムのせいで、富の分配がうまくいかず、どれだけの子どもが飢えて死んでいるでしょう。同じ理由で、どれほどの子どもが教育を受ける権利を奪われているでしょう。食べ物と教育を与えられずにいる子どもたちの姿に促され、この危機を脱した後に、わたしたちはよりよくならなければならない、そう理解することができますように。

（二〇二〇年八月二十六日、教皇公邸書斎からのライブ配信）

連帯、信仰の徳

愛する兄弟姉妹の皆さん、おはようございます。

何か月も経てようやく、わたしたちは画面越しではなく、じかに会えるようになりました。面と向かって。なんとすばらしいことでしょう。このパンデミックは、わたしたちの相互依存をはっきり示してくれました。わたしたちは皆、よくも悪くも、互いに結びついているのです。ですからこの危機からよくなって脱するためには、ともに協力しなければなりません。一緒に、それぞれにではなく一緒にです。バラバラではできません。一緒にするか、やらないかです。わたしたちは一緒に、皆で連帯して行わなければなりません。今日は、この連帯ということばに焦点を当てたいと思います。

人類家族として、わたしたちには神という共通の起源があります。ともに暮らす家、園である惑星、神がわたしたちを置かれた地球に住み、わたしたちにはキリストという共通の目的地があります。しかしそれを忘れてしまうと、わたしたちの相互依存は一部の人の他の人への依存——連帯ある相互依存という調和の喪失——となって、格差と疎外が拡大し、社会構造の弱体化と環境の悪化が生じます。いつも同じパターンです。

ですから聖ヨハネ・パウロ二世が教えたように、連帯の原理がこれまで以上に必要なのです（回勅『真の開発とは』38—40参照）。相互に結ばれている世界の中で、わたしたちは同じ「地球村」に住むことの意味を経験しています。地球村——これは美しい表現ですね。あらゆるものは互いにつながっていますから、広大な世界は一つの地球村にほかなりません。けれどもこの相互依存は、必ず連帯に姿を変えるわけではありません。相互依存と連帯の間には長い道のりがあります。エゴイズム——個人、国家、権力集団の——とイデオロギーの頑迷さが、かえって「構造的な罪」（同36）を助長するのです。

「「連帯」という語はいささか使い古されていて、時に誤って解釈されます。しかしそれは、時折示される何かしらの優しさなどをはるかに超えた意味を有しているのです。連帯は、共同体の観点から、一部の人による財の独占よりもすべての人の生活を優先する、新たな精神性を必要としています」（使徒的勧告『福音の喜び』188）。これが

「連帯」の意味するところです。連帯とは、ただ他者を助けるという問題ではなく――それもよいことですが――、それ以上のものである正義にかかわることなのです（『カトリック教会のカテキズム』1938―1940参照）。相互依存が連帯となって実を結ぶには、それが強く根を張る先が、人間、そして神によって創造された自然でなければならず、人々の顔と大地への敬意が求められるのです。

聖書は、冒頭からこのことを警告しています。バベルの塔の話（創世記11・1―9参照）を考えてみましょう。それは、目的地である天国にわたしたちが行き着こうとする際に、人間、被造物、そして創造主との結びつきをないがしろにするとどうなるかを描いています。これはたとえです。人が、ほかの人のことなどお構いなしに、ひたすら上へと行こうとするたびに起こることです。自分だけです――。塔について考えてみましょう。わたしたちはタワーや高層ビルを建てますが、コミュニティは壊しています。建物や言語を統一しますが、文化の豊かさは傷つけています。地球の主人になろうとしていますが、生物多様性と生態系のバランスは壊しています。以前の謁見で、今年わたしのもとを訪ねてこられたサン・ベネデット・デル・トロントの漁師さんたちのことをお話ししました。彼らは「海から二十四トンの廃棄物を引き上げたが、その半分はプラスチックごみだった」といっていました。考えてください。この人たちは魚を取るだけでなく、ごみも取ろうという気概をもって海を掃除しています。ともかくこのこと（汚染）は、地球をだめにしています。贈り物であり、生態系のバランスを有した、地球と連帯せずにいるのです。

この「バベルの塔症候群」、すなわち連帯を欠いた状況を描いた、中世の話を思い出します。その話によれば、塔の建設中にだれか（奴隷です）が落下して死んでも、だれも何もいわず、せいぜい、「残念だったね、誤って落ちてしまって」という程度だったそうです。逆に、レンガが落ちれば皆で文句をいったのです。犯人がいれば、その人は罰せられました。なぜでしょうか。レンガは、作るにも準備するにも焼くにも、コストがかかるからです。一つのレンガを作るには時間も労力も要します。レンガ一つが人命よりも重んじられたのです。今日起きていることを一人ひとり考えてみましょう。残念なことに、こうしたことは今でも起きているのかもしれません。金融市場で株価が下落すると――このところ新聞に出ていますが――、どの報道機関もそのニュースを報じます。数え切れないほど多くの人が飢餓や貧困で倒れているのに、だれもそれを話題にしません。

聖霊降臨はバベルの塔とは正反対です。謁見の始めの朗読でそれを聞きました（使徒言行録2・1―3参照）。聖霊が風と炎のように天から降《くだ》って、高間に閉じこもっていた共同体に注がれ、彼らに神の力を呼び覚まし、すべての人に主イエスを伝えるために出て行くよう駆り立てたのです。聖霊は、多様性の中に一致を生み出し、調和をもたらします。バベルの塔の話には調和はなく、勝ち取るための前進だけがあります。そこでは人は単なる道具であり「労働力」でしかありませんが、ここ聖霊降臨においては、わたしたち一人ひとりが一つの道具であっても、共同体の構築に全身全霊で参加する共同体という道具なのです。アッシジの聖フランシスコはこのことをよく知っており、聖霊に駆り立てられて、すべての人、いや、あらゆる被造物を、兄弟姉妹と呼んだのです（回勅『ラウダート・シ』11参照、聖ボナヴェントゥラ『大伝記』*Legenda maior*, VIII, 6: FF 1145〔宮沢邦子訳、『聖ボナヴェントゥラによるアシジの聖フランシスコ大伝記』あかし書房、一九八一年〕参照）。狼《おおかみ》さえも兄弟でしたね。

聖霊降臨によって神は現存を示され、多様性と連帯をもって結ばれた共同体の信仰を力づけます。調和のうちに結ばれた多様性と連帯、これこそが道です。連帯のある多様性は「抗体」をもっています。それぞれ人の独自性——唯一無二の、代わりのないたまもの——が、個人主義や利己主義によって病むことを防ぐ抗体です。連帯のある多様性は、正義に反するシステム、抑圧のシステムに堕落した社会構造やプロセスに、回復のいやしをもたらす「抗体」ももっています（教皇庁正義と平和評議会『教会の社会教説綱要』192参照）。ですから、現代における連帯は、パンデミック後の世界に向けて、わたしたちの人間関係や社会の病のいやしに向けて進むべき道です。それ以外に道はありません。連帯の道を行くか事態が悪化するかです。繰り返しになりますが、危機を経た後には以前と同じではないのです。パンデミックは危機なのです。よくなって危機を抜け出るか、よりひどくなっているかのどちらかです。わたしたちがどちらかを選択するのです。連帯こそが、よりよい状態で危機を抜け出す道です。すべてにペンキを塗り重ね、きれいに整ったかのように見た目を変えることでそうするのではありません。違います。改修するのです。

危機の渦中でも、信仰に導かれた連帯は、わたしたちに神の愛を、グローバル化されたこの世界に伝えることができるようにしてくれます。分断させて崩壊させることになる塔や壁の建設――今日どれほど多くの壁が築かれていることか――によってではなく、共同体の構築と、真に人間らしく強固な成長プロセスを支えることによって伝えるのです。連帯がそれに力を貸してくれます。質問です。ほかの人の必要について考えていますか。皆さん、心の中で答えてください。

危機と嵐のただ中で、主はわたしたちに問い、わたしたちが連帯に目覚め、それを盛り立てるよう招いておられます。完全に難破するかに思えるこの時代に、強固さ、支え、意味を与えることができる連帯です。聖霊の創造性に力づけられ、新たな形態の、家族のような温かなもてなし、実り豊かな兄弟愛、普遍的な連帯を生み出すことができますように。ご清聴ありがとうございます。

（二〇二〇年九月二日、教皇公邸のサンダマソの中庭にて）

愛と共通善

愛する兄弟姉妹の皆さん、おはようございます。

わたしたちが経験しているパンデミックによる危機は、あらゆる人に影響していま す。皆で共通善をともに追求するならば、わたしたちはよりよくなってこの危機を脱 することができるでしょう。そうでなければ、さらに悪い状態になるでしょう。残念 なことに、一部の人が有利になる事態が生じています。たとえばワクチンの場合のよ うに、有効な治療法を独り占めして、他の人々に売りつけようとする人がいます。こ の状況を利用して、分裂を扇動する人もいます。経済的、政治的優位性を追求して争 いを発生させたり、激化させたりするのです。他方、他者の苦しみをまったく気にせ ず、通り過ぎて自分の道を行く人もいます（ルカ10・30―32参照）。そうした人は面倒を 嫌う、ポンティオ・ピラトの信奉者です。

このパンデミックと、それに伴う社会・経済危機へのキリスト者の対応は、愛に、とりわけ、つねにわたしたちに先立って愛してくださる神の愛（一ヨハネ4・19参照）に根ざしています。神がまず、わたしたちを愛してくださいます。神は、愛と解決とにおいて、つねにわたしたちに先んじておられます。神は無条件にわたしたちを愛してくださいます。そしてその神の愛を受け入れるとき、わたしたちも同じように行動できます。それは、自分を愛してくれる人、すなわち家族、友人、仲間を愛するだけでなく、自分を愛してくれない人をも愛し、面識のない人も愛し、自分たちとは違う人をも愛し、自分を苦しめる人、敵と思われる人すら愛するということです（マタイ5・44参照）。これこそがキリスト者の知恵であり、イエスの姿勢です。いわば、聖性の頂点は敵を愛するということでしょう。簡単ではありません。敵をも含めすべての人を愛することは、確かに難しいことです。それは技能だともいえるでしょう。しかし、学んで高めることができる技能です。わたしたちを実り豊かで自由にする真の愛は、つねに外に広がり包括的です。この愛は、世話をし、いやしをもたらし、よい行いをします。多くを論じるよりも優しく触れるほうが、しばしばよい結果をもたらします。自己弁護のために多くを主張するより、ゆるしのしるしとして優しく触れるほうがよいのです。いやしをもたらすのは、すべてを包み込む愛です。

ですから愛とは、二、三人の関係や、友人、家族の間にとどまるものではない、それ以上のものです。市民としての関係、政治上の関係にも及ぶもので（『カトリック教会のカテキズム』1907―1912参照）、自然との関係も含んでいます（回勅『ラウダート・シ』231参照）。わたしたちは社会的、政治的な生き物ですから、愛のもっとも崇高な表現の一つは、まさに社会的で政治的な愛であり、それは人間の発展にとって、またあらゆるたぐいの危機に立ち向かうための決め手となります（同231）。わたしたちは、愛が家庭や友情を実り豊かにすることを知っていますが、社会、文化、経済、政治における関係にも豊かな実りをもたらし、わたしたちに「愛の文明」――聖パウロ六世が好んだ表現（「一九七七年世界平和の日メッセージ」）で、聖ヨハネ・パウロ二世も踏襲しました――を築かせてくれることも覚えておくとよいでしょう。この着想がなければ、利己主義、無関心、使い捨てといった文化がはびこります。すなわち、望ましくない人、愛せない人、社会で役に立たないと思われる人を見捨てることになるのです。今日、入り口のところで、一組の夫婦に声をかけられました。「障害のある息子がいるので、わたしたちのためにお祈りください」。「息子さんはおいくつですか」と聞くと、「もう大きいのです」と。「お二人はどうされているのですか」、「わたしたちが付き添って介助しています」。障害のあるその子のために、親としての人生のすべてをささげています。これが愛です。敵対者や政治的に対立する相手は、自分たちの目には政治的・社会的な障害者に映りますが、そう見えるにすぎません。そうであるか否かは、神のみがご存じです。それはそれとして、わたしたちは彼らを愛し、対話をし、そうした愛の文明を、全人類が一つに結ばれるための、そうした政治的・社会的文明を築かなければなりません。これらはすべて、戦争、分裂、ねたみ、さらにいえば家庭内のいさかいとは逆のものです。何もかもを包み込む愛は、社会の愛であり、家族愛であり、政治にかかわる愛です。愛は、あらゆるものに浸透するのです。

新型コロナウイルス感染症が示してくれたのは、各自にとっての真の善益は、個人的なものだけではなく共通善であること、また、共通善とは個人にとっての真の善益であるということです（『カトリック教会のカテキズム』1905―1906参照）。自身の善益だけを求めるなら、その人はエゴイストです。そうではなく、自分の善益を皆に向けて開き分かち合うなら、その人は一個人を超えた存在です。健康は、個人にとってだけなく公的な善でもあります。健全な社会とは、すべての人の健康に配慮する社会のことです。

壁や国境も、文化的、政治的な違いもお構いなしのウイルスには、壁も国境も区別もない愛をもって立ち向かうべきです。この愛は、競争よりも共有を促し、もっとも弱い立場にある人の排除ではなく包摂を可能にし、人間の性質の最悪のものではなく、最良のものを表せるよう助ける社会構造を生み出します。真の愛は使い捨て文化を知りませんし、それが何であるかも知りません。わたしたちが創造性を愛し生み出すとき、信頼と連帯を生み出すとき、そのときにこそ、共通善のための具体的な取り組みが生まれるのです（聖ヨハネ・パウロ二世回勅『真の開発とは』38参照）。このことは、小規模共同体のレベルでも、大規模共同体、そして国際的なレベルにも当てはまります。家庭でも、隣近所でも、市町村でも、大都市でも、世界においても、行われることは同じです。成長し、実を結ぶのは同じ種です。家族で、隣人の間で、嫉妬から、喧嘩《けんか》から始めるなら、最後は「戦争」に行き着きます。そうではなく愛から始めるなら、愛とゆるしをともにするなら、すべての人に愛とゆるしがもたらされるでしょう。

ひるがえって、パンデミックの解決策が、個人であれ、企業であれ、国であれ、利己主義の痕跡を残すならば、コロナウイルスの危機から脱することはできるかもしれませんが、このウイルスが浮き彫りにし加速させた、人間の危機、社会的危機からは決して抜け出せないでしょう。ですから、砂の上に建てることのないよう注意してください（マタイ7・21―27参照）。健全で、包摂的で、公正で、平和な社会を築くには、共通善という岩の上にそれを建てなければなりません（回勅『真の開発とは』10参照）。共通善は岩です。しかもこれは、一部の専門家だけでなく、わたしたち全員の任務です。共通善の促進は、市民一人ひとりに課された正義の義務であると、聖トマス・アクィナスは述べています。市民一人ひとりが、共通善に責任を負っています。キリスト者にとっては、それは使命でもあります。聖イグナツィオ・デ・ロヨラが教えているように、共通善のために日々努力することは、神の栄光を受け、それを広げることにつながるのです。

残念なことに、政治に関してはあまりよい評判を聞きませんが、その理由は分かっています。だからといって、すべての政治家が悪いというのではありません。そういうことをいいたいのではありません。ただ残念ながら、政治の評判がよくないことが多いといいたいのです。ですがわたしたちは、こうした悲観的な見通しに甘んじることなく、むしろこれに、人間と共通善とを第一にするよい政治は可能だと、それどころか義務であると、行動で示すことで対処しなければなりません（「二〇一九年世界平和の日メッセージ（二〇一八年十二月八日）」）。人間の歴史に目をやれば、この道を歩んだ多くの聖なる政治家がいたことが分かります。すべての市民が、なかでも社会的・政治的な責任や立場を担う人が、自身の行動を倫理原則に基づいたものとし、社会のための愛と、政治において実践する愛をもって己の行動を駆り立てれば、それは可能なのです。キリスト者、とくに一般信徒はそのよい模範となるよう求められており、愛徳によって、つまり自身の内に本来的に備わる社会的なものを発揮することで、それを行うことができるのです。

ですから今こそ、社会のためのわたしたちの愛を増すときです。社会のためのわたしたちの愛――これを強調したいと思います。わたしたちのような小さな者たちから始めて、すべての人が貢献するのです。共通善には、全員の参加が必要です。各自が自分の務めを尽くし、だれ一人取り残されないなら、わたしたちは地域社会、国内、国際レベルで良好な関係を再生し、環境とも調和して生きることができるでしょう（回勅『ラウダート・シ』236参照）。このように、たとえ目立たぬものであったとしても、わたしたちの行いを通して、わたしたちに刻まれた神の像の片鱗が目に見えるものとなります。神は三位一体であり、愛だからです。これは、聖書の中にあるもっとも美しい神の定義です。イエスを深く愛した使徒ヨハネがわたしたちに伝えています。――神は愛です。イエスの助けがあれば、わたしたちは共通善のために、自分の善益のためばかりでなく、すべての人にとっての共通善のために、皆で一緒に働いて、世界をいやすことができるのです。

（二〇二〇年九月九日、教皇公邸のサンダマソの中庭にて）

ともに暮らす家を大切にすることと観想的姿勢

愛する兄弟姉妹の皆さん、おはようございます。

パンデミックから抜け出るためには、自らを大切にしなければなりませんし、互いに大切にし合うことが求められます。そして、弱い立場の人、病気の人、お年寄りの世話をする人たちを支えなければなりません。お年寄りをほったらかしにし、ないがしろにする傾向がありますが、ひどいことです。スペイン語ではずばりcuidadores（ケアの人）と呼ばれている病人の世話をする人たちは、現代社会の中では欠かせない役割を果たしています。にもかかわらず、彼らの多くが正当な評価や報酬を受けていません。世話をすることはわたしたち人間の黄金律であり、それは健康と希望をもたらします（回勅『ラウダート・シ』70参照）。病気の人、困窮している人、見捨てられている人を世話すること、それこそが人間の、そしてキリスト者の豊かさなのです。

わたしたちはこうした世話の対象を、わたしたちがともに暮らす家にまで、つまり地球とあらゆる被造物にまで広げなければなりません。すべての生き物は互いにつながっていて（同137―138参照）、わたしたちの健康は、神が創造され、わたしたちに世話するようお命じになった（創世記2・15参照）、生態系の健康にかかっています。一方、生態系の濫用は、傷つけ、汚染し、病ませるという、重い罪です（回勅『ラウダート・シ』8、66参照）。わたしたちの共通の家のこの不適切な使用に対する特効薬は観想です（同85、214）。なぜでしょう。共通の家を放置しないよう、世話するためのワクチンはあるのでしょうか。共通の家を大切にしない病への特効薬は何でしょうか。観想です。「美しいものに心奪われて立ち止まることを知らない人が、平然とあらゆるものを利用し濫用の対象物として扱ったとしても、驚くにはあたりません」（同215）。「使い捨て」の対象になることもあります。しかしながら、わたしたちがともに暮らす家である被造界は、単なる「資源」ではありません。被造物はそれ自体に価値があり、「それぞれのしかたで、神の無限の英知と善の一面を反映しています」（『カトリック教会のカテキズム』339）。その価値と、その神の光線を見つけなければなりません。見つけるためには、沈黙し、耳を傾け、観想する必要があります。観想はまた、霊魂をいやすものでもあります。

観想が欠けると、「わたしが」をすべての中心にする偏りのある傲慢な人間中心主義に陥りがちです。それは人間としてのわたしたちの役割を超越的なものにし、他の全被造物の絶対的な支配者として自分たちを位置づけてしまいます。創造についての聖書箇所の曲解は、この間違った考え方、つまり地球を窒息させるほどの搾取につながっています。被造界からの搾取――これは罪です。自分たちが中心だと思い込み、神の地位にあるとうぬぼれ、それによってわたしたちは被造界の調和を、神が計画された調和を壊しています。いのちの保護者としての召命を忘れて、略奪者になりさがっています。もちろん、生きて発展していくために、土地を耕す（訳注：直訳は「土地を働かせる」）ことはわたしたちに許されており、そうしなければなりません。ですが、働かせることは搾取と同義ではなく、必ず世話することが付随します。鋤《す》くことと守ること、働かせることと世話すること、それがわたしたちの使命なのです（創世記２・15参照）。わたしたちは、わたしたちを受け入れてくれている共通の家を世話することなしに、物質的レベルでの成長の継続は期待できません。わたしたちのもっとも貧しい兄弟姉妹と母なる地球は、わたしたちが引き起こした損害と不正義ゆえにうめきを上げ、異なる道を選ぶよう訴えています。わたしたちに回心を、道の変更を求めています。地球も被造物も大切にするよう求めているのです。

ですから、観想の次元を取り戻すことが重要です。つまり地球、被造界を、利益を得るために搾取するものとしてではなく、贈り物として見ることです。観想の中では、他者や自然の中に、有用性よりもはるかに大切なものを見いだすのです。観想とは、何かの有用性を超えること――ここに事の核心があります。美しいものを観想することは、その美を使い尽くすことではありません。観想とは、ただただ見つめることです。神が授けた、そのものに内在する価値を見いだすことです。多くの神秘家が教えているように、空にも地にも海にも、あらゆる被造物には、この象徴的な力、わたしたちを創造主に、そして創造との交わりに立ち帰らせる、神秘的な力が備わっています。たとえば聖イグナツィオ・デ・ロヨラは『霊操』の結びで、「愛に達するための観想」を行うよう呼びかけています。すなわち、神がご自分の被造物をごらんになるように見つめ、喜びなさい、その被造物の中に神がおられることを見いだし、自由と恵みをもってそれらを愛し世話しなさいと招いているのです。

観想は、世話する姿勢へとわたしたちを導くものですが、自分たちはその一部ではないかのように、自然を外側から見ることではありません。わたしたちはまさに自然の中にあり、自然の一部です。むしろ自分たちは被造物の一つであると自覚し、利用されるだけでかたちをもたない現実の単なる傍観者ではなく主役となって、自然の内側から見るのです。そのように観想する人は、目にするものだけでなく、自分もその美を完成させるうえで欠くことのできない一部であると感じることで驚嘆を覚えます。またその美を守り、保護するようにとの呼びかけも感じます。そして一つ、忘れてはならないことがあります。自然や被造物を観想する心得のない人は、人間の豊かさをそのままに観想することはできません。そして自然を酷使する人は、人間も酷使し、奴隷のように扱ってしまいます。これは普遍的な法則です。自然を観想できないなら、あなたは人々を観想することも、人間の美を、兄弟姉妹を観想することもひどく困難になるでしょう。

観想の心得のある人は、健全を害し損ねるものを変えていくため、もっと容易に仕事に取り組むことができます。生産と消費の新しい習慣を教育し促進するよう、つまり、共通の家を大事にし、人間に対し敬意をもつことを忘れない経済成長の新たなモデルに寄与するよう努めます。行動する観想者には、環境の保護者となる傾向があり、それはすばらしいことです。わたしたちそれぞれが、環境の保護者、環境の清らかさの保護者となり、何千年も続いた文化の中で培われてきた祖先からの知恵と新しい技術的知識を合わせて、わたしたちのライフスタイルがつねに持続可能なものとなるよう努めなければなりません。

つまりは、観想すること、そして気遣うことです。この二つの姿勢は、わたしたちの人としての被造界との関係を修復し、その均衡を取り戻す方法を示しています。わたしたちと被造界との関係は、しばしば敵どうしの関係に映ります。自分たちの利益のために被造界を破壊し、また自分たちの利益のために被造界を搾取しています。それには高い代償が伴うことを忘れてはなりません。スペイン語のことわざ、「神はいつもゆるしてくださり、わたしたちは時にゆるすが、自然は決してゆるさない」、これを忘れてはいけません。今日わたしは新聞で、南極大陸のアムンゼン海沿岸の二つの大氷河が消滅しそうだという記事を読みました。恐ろしいことです。海面が上昇すると、多くの問題、はかりしれない被害が生じるのです。どうしてそのようなことになるのでしょうか。地球温暖化によって、環境への無配慮によって、共通の家を大切にしていないからです。そうではなく、被造物と比喩的な意味で「兄弟の」――こういわせてください――関係を結ぶなら、わたしたちは共通の家の保護者、いのちの保護者、希望の保護者となり、未来の世代が享受できるようにと神が預けてくださった財産を守ることができるでしょう。「でもわたしは、こうしてどうにかやっていきます」という人もいるでしょう。ですが、問題は今日をどうしのぐかではありません。そういったのは、ドイツのプロテスタントの優れた神学者であるボンヘッファーです。今日をどうしのぐかが問題なのではないのです。問題は、何が引き継がれるのか、未来世代の生活はどうなるのかということです。子どもたち、孫たちのことを考えましょう。わたしたちが被造界を使い尽くしたなら、彼らに何を残せるでしょうか。共通の家の「保護者」、いのちと希望の保護者となれるよう、この道を守っていきましょう。神が託してくださった財産を、未来の世代が享受できるよう守っていきましょう。わたしはとりわけ、先住民族のかたがたのことを心に留めています。わたしたち皆が、彼らに深く感謝する義務と、彼らに対して加えた危害を償うために深く悔いる義務とを負っています。わたしはまた、彼らの領土と、そこにある自然および文化的財産とを守るために尽力する運動体、組織、民間団体のことも心に留めています。これらの社会的現実はお金にはならないので、大抵は評価されず、時には妨害されることさえありますが、実は彼らは、「気遣いの革命」とも呼ぶべき平和的な革命のために貢献しています。いやすために観想してください。守るために、自分自身、被造物、子どもたち、孫たちを守るため、そして未来を守るために観想してください。回復をもたらすために、保護するために、そして未来世代に遺産を渡すために、観想してください。

しかしながら、これを他人任せにすべきではありません。一人ひとりの務めなのです。わたしたち一人ひとりが、その創造物ゆえに神を賛美し、被造物を観想し、それらを守ることのできる、「共通の家の保護者」になることができますし、またならなければならないのです。

（二〇二〇年九月十六日、教皇公邸のサンダマソの中庭にて）

補完性と希望の徳

愛する兄弟姉妹の皆さん、天気があまりよくありませんが、今日もボンジョルノ！

現在のような危機——保健上の危機であると同時に、社会的、政治的、経済的な危機——から、以前よりよい状態で脱するには、わたしたち一人ひとりが自分自身に課せられた責任を果たす、つまり責任を共有するよう求められています。わたしたちは個人としてだけでなく、自分が属する集団、社会における役割、自らの信条、そして信仰者ならば神への信仰、そうした立場からも責任をもたなければなりません。しかし、多くの人が共通善の再建に参与できないことが多々あるのは、彼らが疎外され、排外され、無視されているからです。一部の社会集団は、経済的、政治的に抑圧されていて、貢献できずにいます。なかには、大勢の人が自分の信仰や価値観、思想を自由に表明できず、それを表明すると投獄されてしまう社会もあります。ほかにも、とくに西洋においては、多くの人が倫理的、宗教的な信念の表明をためらっています。

しかしそれでは、この危機を抜け出すことはできませんし、少なくとも以前よりよい状態で脱することはできないでしょう。わたしたちは、さらに悪化した状態になるでしょう。

すべての人が、わたしたち民のいやしと再生に参加できるようにするためには、一人ひとりがそのためのしかるべき資源を有するようにするのが正しいことです（教皇庁正義と平和評議会『教会の社会教説綱要』186参照）。一九二九年からの世界恐慌後に教皇ピオ十一世は、真の再建にとって補完性の原理がいかに重要であるかを説きました（回勅『クァドラジェジモ・アンノ』79―80参照）。この原理には、上から下へ、そして下から上へという、二重の動きがあります。分かりにくいかと思いますが、これが、わたしたちをより団結させる社会原理です。

一方では、とくに変革期において、個人や世帯、小規模な集合体、あるいは地域共同体が最低限の目標に達することができなければ、社会の上位のレベル、たとえば国家が介入して、先に進むのに必要な資源を提供するのは正しいことです。たとえば、コロナウイルスによるロックダウンのために、多くの人、家庭、企業が、今もなお深刻な困難に陥り続けています。そのために公的機関は、社会的、経済的、医療的に適切な介入をもって支援しようとしています。これが公的機関の機能であり、そうした機関がなすべきことなのです。

　ですが他方で、社会の指導者たちは、中間層や低所得者層に敬意を払い、その地位向上に努めなければなりません。事実、個人、家庭、団体、企業、あらゆる中間集団、さらには教会、これらの貢献が決め手となります。これらは、それぞれ独自の文化的、宗教的、経済的資源、また、市民としての参与をもって、社会を活性化し強化するのです（『教会の社会教説綱要』185参照）。すなわちここに、上から下へ、中央の国から民衆への、そして下から上へ、民の群れから上への協力があるのです。これこそ、補完性の原理が機能している状態です。

　だれしも、自分の属する社会を立て直すプロセスにおいて、必ずや自らの責任を負っているはずです。特定の社会集団に直接あるいは間接にかかわる何らかの事業が始まる際には、その集団がそれに参加できないような状態にしてはなりません。たとえばです。「あなたは何をするのですか」、「貧しい人たちのために働きます」、「それはすばらしいですね。それで何をするのですか」、「貧しい人に教えるのです。何をすべきかを教えるのです」。いけません。それではだめなのです。最初の一歩は、どのように生きて何を必要としているのかを、貧しい人たちに語ってもらうことです。皆が発言できるようにしなければなりません。それが補完性の原理の機能です。そうした人々を蚊帳《かや》の外に置くことはできません。彼らの知恵、地位の低い人々の知恵を脇に追いやることはできないのです（使徒的勧告『愛するアマゾン』32、回勅『ラウダート・シ』63参照）。残念ながら、そのような不正義が、地球の一部の地域における何かの採掘活動など、巨大な経済的・地政学的な利害が集中している場でしばしば生じています（使徒的勧告『愛するアマゾン』9、14参照）。先住民族の声、彼らの文化、世界観が考慮されていません。今日、こうした補完性の原理の欠如がウイルスのように広がっています。各国が行っている大規模な財政支援策について考えてみましょう。民衆や実際に経済を動かしている人よりも、大手金融機関の声に耳を傾けています。社会運動よりも、多国籍企業の声が聞き入れられています。普通の人の言い方でいうならば、弱者よりも強者の声が聞き入れられているという、進んではならない道です。人の道から外れていますし、イエスが教えてくださった道でもありませんし、補完性の原理にもとっています。つまり、人々に対して「その人自身をそのあがないの主役」（「二〇二〇年世界難民移住移動者の日メッセージ（二〇二〇年五月十三日）」）にさせずにいるのです。一部の政治家や労働組合の集合的無意識には、「すべては民のために、ただし民とともにではなく」のモットーがあります。民の知恵に耳を傾けることをせずに上から下へ、問題解決――現況でいえば危機を脱するうえで――にあたって、その知恵を生かすことをしないのです。また、このウイルスの治療方法についても考えてみましょう。病院や難民キャンプといった最前線で働く医療従事者よりも、大手製薬会社の声を聞き入れています。これはよいやり方ではありません。あらゆる人の声に、上にいる人も下にいる人も、あらゆる人の声に耳を貸すべきなのです。

危機からよりよい状態で抜け出るためには、補完性の原理を実践し、すべての人、なかでもいちばんの弱者の、自律性とイニシアティブを尊重しなければなりません。一つのからだのすべての部分が必要であり、聖パウロが述べているように、ほかよりも弱く、さして重要でなく見える部分が、かえってもっとも必要なのです（一コリント12・22参照）。このイメージに照らすと、補完性の原理とは、社会のいやしと未来のために、すべての人が自分の役割を果たせるようにするものだといえます。補完性の原理を実践することにより希望が生まれます。より健全で公正な未来への希望が生まれます。そしてわたしたちは、偉大なものへのあこがれを胸に、自分たちの地平を広げつつ、一緒にその未来を築いていくのです（「キューバ訪問時、パードレ・フェリックス・ヴァレラ文化センターでの若者へのあいさつ（二〇一五年九月二十日）」）。ともに行動するか、それともうまくいかないか。危機を脱するために、社会のあらゆるレベルで協力して働くか、それとも危機から抜け出せずにいるか。危機を抜け出ることとは、今よりましな状態に見せるために、現状にペンキを塗りたくることではありません。危機を乗り越えるとは、変わることです。それに真の変化は、すべての人、民を形成するすべての人によってなされるものです。すべての職業、すべての人です。そして、皆が一緒に、共同体のすべての人が一緒にです。全員でしなければ、結果はよくないものになるでしょう。

前回の講話では、連帯が危機を脱する道となることを見ました。連帯はわたしたちを一つにし、より健全な世界への確かな提案が見つかるようにしてくれます。ですがこの連帯の道には、補完性が必要なのです。「しかしながら神父さん、今日は難しいことばで説明しますね」という人もいることでしょう。でもだからこそ、わたしはその意味を説明しようとしています。補完性の道を歩んでいるからこその連帯なのです。実際に、社会参加がなければ、中間集団――家庭、協会、組合、中小企業、市民社会などのこと――の貢献がなければ、真の連帯は実現しません。あらゆる人の貢献が必要です。すべての人です。そうした参与が、グローバリゼーションや国家の活動に見いだせる何らかの負の局面を防ぎ、正すことを助けます。それはパンデミックの影響に苦しむ人々のケアについても同じです。こうした「下から」の貢献が奨励されるべきです。まったく、この危機の中でボランティアのかたがたの活躍を目にするのはなんとすばらしいことでしょう。社会のあらゆる方面からのボランティアです。裕福な家庭からのボランティアも、貧しい家庭からのボランティアもいます。ですが皆が、すべてが、抜け出すために協働しているのです。これこそ連帯、これこそ補完性の原理です。

ロックダウンの間、医師や看護師に対し、励ましと希望を示すために、称賛の拍手を送るという行為が自然発生的にわき起こりました。大勢の人がいのち懸けで働き、多くの人がいのちをささげました。この拍手を、社会のすべてのメンバーに、すべての人に、一人ひとりにまで向けて、わずかなものであっても、そのかたの尊い貢献をたたえましょう。「だけど、あちらの人には何ができるだろうね」。それなら、本人に尋ねてください。働く場を与えてください。本人に相談してください。この使い捨ての文化が「役に立たない」と決めつけた人たち、すなわち、高齢者、子どもたち、障害のある人に称賛の拍手を送りましょう。労働者に、だれかの役に立とうとしているすべての人に拍手を送りましょう。すべての人が危機を脱するために協力しているのです。ただし、拍手だけで終わってはなりません。希望は大胆なものですから、夢を大きくもつよう勇気を出しましょう。兄弟姉妹の皆さん。夢を大きくもつことを覚えましょう。希望から生まれる正義、そして社会に向かう愛、これらの理想を求めることで、おそれずに大きな夢を抱きましょう。過去を復元しようとするのはやめましょう。過去は過去です。新しいことがわたしたちを待っています。「わたしは万物を新しくする」と、主は約束されました。これらの理想を求めることで、夢を大きくもつよう勇気を出しましょう。過去を、とくに、先ほど不正義であると申し上げたような、不公平ですでに病んでいた過去を取り戻そうとするのはやめましょう。ローカルなものとグローバルなものとが、互いに豊かにし合うような未来を築いていきましょう。だれもが自分を差し出せます。それぞれの人が自分にあるもので、自分の文化、自分の哲学、自分の考え方をもって貢献しなければなりません。そこには、少数者の集まり、役に立たないとされた人の集まりにある、美しさと豊かさが満ちあふれています。美はそこにもあるからです。そしてそこでは、多くをもつ人が奉仕し、わずかしかもてない人に多くを与えることにいっそう努めているのです。

（二〇二〇年九月二十三日、教皇公邸のサンダマソの中庭にて）

救いといやしをもたらすイエスとともに

愛する兄弟姉妹の皆さん、おはようございます。

この数週間わたしたちは、パンデミックが浮き彫りにし、より際立たせた、病んだ状態に苦しむ世界をどのようにいやしたらよいかを、福音の光に照らして一緒に考えてきました。病んだ状態があります。パンデミックがそれを浮き彫りにし際立たせたのです。これまで、尊厳と連帯と補完性の道を見てきました。人間の尊厳と共通善を推し進めるのに欠かせない道です。そしてイエスの弟子として、貧しい人を優先し、物的財の使用を見直し、地球という共通の家を大切にすることで、イエスの後に続こうとしているのです。苦しいパンデミックの中で、わたしたちは『教会の社会教説綱要』の諸原理をよりどころとし、信仰、希望、愛に導かれるようになりました。そこから、分裂と傷をもたらすさもしい行為を続けるのではなく、新たなよりよい世界を生み出すよう励ます、大きな夢をもった変革者となるための確かな助けを得ました。

わたしは、この道をこの連続講話をもって終わりにしたくはありません。講話前に朗読されたように、「イエスを見つめながら」（ヘブライ12・2）、この世界に救いといやしをもたらすイエスを見つめながら、ともに歩み続けるようにしたいのです。福音書が示すように、イエスはあらゆるたぐいの病者をいやされ（マタイ9・35参照）、見えない人には視力を、口のきけない人には話す力を、聞こえない人には聴力をお与えになりました。そして病や身体の患いをいやすときには、罪をゆるすことで——イエスはいつだってゆるしてくださるのですから——心をもいやされたのです。また、疎外されている人を含め、「社会的な苦しみ」もいやしてくださったのです（『カトリック教会のカテキズム』1421参照）。万物を新しくし、和解させてくださるイエスは（二コリント5・17、コロサイ1・19—20参照）、人種、言語、民族にかかわりなくすべての人を大切にするため、ご自分がなさったようにわたしたちが愛し、いやすのに必要なたまものを与えてくださいます（ルカ10・1—9、ヨハネ15・9—17参照）。

これを真に実現させるには、すべて人と全被造物の美を観想し、それに感服しなければなりません。わたしたちは神のみ心によって宿った者です（エフェソ1・3—5参照）。「わたしたち一人ひとりは、神のはからいに基づいて生まれたのです。わたしたち一人ひとりは、神から望まれ、愛され、必要とされています」（教皇ベネディクト十六世「教皇就任ミサ説教（二〇〇五年四月二十四日）」［ペトロ文庫『霊的講話集２００５』三一頁］。回勅『ラウダート・シ』65参照）。さらにどの被造物も、創造主である神についてわたしたちに何かを語っています（回勅『ラウダート・シ』69、239参照）。この真実を認識し、すべての人との、全被造物との普遍の交わりの親しい結びつきに感謝することで、「優しさあふれる、惜しみない気遣い」（同220）が始まります。それはまた、わたしたちの貧しく苦しむ兄弟姉妹のうちにおられるキリストに気づかせ、彼らと会い、彼らの叫びと、それに呼応する大地の叫びに耳を傾けられるよう助けてくれます（同49参照）。

わたしたちに別の道を歩むよう求め（同53参照）、変わるよう訴えるこうした叫びに心を動かされるなら、自分のたまものと能力をもって、関係の健全化に貢献できるでしょう（同19参照）。わたしたちは社会を生まれ変わらせ、いわゆる「通常」に戻すことはできないはずです。病んでいるのが普通、まさしくパンデミック前から病んでいたのが通常だったのです。パンデミックはそれを浮き彫りにしました。「そろそろ通常に戻ろう」――。いけません。その通常は、不正義、格差、環境破壊によって病んでいたからです。わたしたちに求められる通常とは、「目の見えない人は見え、足の不自由な人は歩き、重い皮膚病を患っている人は清くなり、耳の聞こえない人は聞こえ、死者は生き返り、貧しい人は福音を告げ知らされている」（マタイ11・5）、神の国の通常です。だれも見て見ぬふりをしない——、これが変わるためにすべきことです。神の国の通常では、パンはすべての人に余るほど十分に行き渡り、社会組織は、所有、排除、蓄財ではなく、提供、共有、分配に基づいています（マタイ14・13—21参照）。社会、家庭、地域一帯、町、すべての人を前進させる行為は、自身を差し出す、与える行為です。施しをするというのではなく、心から自らを差し出すことです。利己心や所有欲を手放す行為です。ただ、それを行うキリスト者の態度は、機械的ではなく人間らしいものです。パンデミックが浮き彫りにした危機からは、新たな手段の数々によって機械的に抜け出すことはできません。抜け出すには、最新の手段——とても重要で、わたしたちを前進させてくれますし、恐れを抱くべきものではありません——は多くを実現するものの、一つかなえられないことがあると知る必要があります。優しさです。そして、優しさこそがイエスがおられるしるしなのです。（ともに）歩み、いやし、支え、相手のために自らを犠牲にするために、隣人に寄り添うのです。

ですから神の国の通常が重要です。神の国の通常ではパンはすべての人に行き渡り、社会組織は優しさのある提供、共有、分配に基づき、所有、排除、蓄財には基盤を置きません。人生の終わりを迎えたとき、あの世には何ももってはいけないのですから。

微細なウイルスが深い傷をもたらし続け、わたしたちの身体的、社会的、心的な脆《ぜい》弱《じゃく》さを露わにしています。そして、世界を支配する深刻な格差を露わにしています。機会や財産の格差、医療、技術、教育を受けることでの格差です。膨大な数の子どもが学校に通えずにいることがありますし、ほかにも数え上げれば切りがありません。こうした格差は、自然なことでも必然的なことでもありません。人間のしわざであり、もっとも重い価値観から逸脱した発展モデルがもたらしたものです。食べ残しの無駄──その無駄ですべての人に食料が行き渡ります。さらに現在の状況で、多くの人が希望を失い、不安と苦悩を募らせています。だからこそ、このパンデミックを切り抜けるには、新型コロナウイルスの治療法だけでなく（これも大切ですが）、人間性と社会経済を侵すひどいウイルスの治療法も見いださなければなりません。このウイルスを見えなくしようと、ペンキを塗りたくってはなりません。不公平で持続不可能な発展を基盤とする経済モデルがわたしたちの問題を解決するとは、当然期待できません。そんなことはこれまで起きませんでしたし、これからも起きません。たとえ偽預言者が今なお「トリクルダウン理論」を保証し続けようと、そんなことは起こりえないのですから。シャンパンタワーの理論を聞いたことがあるかと思います。要するに、グラスがいっぱいになって、それが貧しい人や他の人々に滴り落ちて、富を受けるというものです。ところが今起きている現象では、グラスが満ちていき、ほとんどあふれそうになると、グラスはどんどん大きくなって容量が増え続け、決して滴り落ちることなどないのです。気をつけなければなりません。

わたしたちは、よい政治を生み出し、無関心、搾取、個別の利益ではなく、参与、ケア、寛容を重視する社会組織の仕組みを作るために、早急に仕事にかからなければなりません。優しさをもって前に進まなければなりません。連帯のある公正な社会が健全な社会です。市民参加型の社会——「最底辺の人」が「優先される人」とみなされる社会——は、交わりを強めます。多様性を尊重する社会は、どんなウイルスにも対しても耐性がはるかに強いのです。

このいやしの道を、救済の聖母、おとめマリアの保護にゆだねましょう。イエスをその胎《たい》に宿したかたの助けにより、わたしたちが信頼を抱けますように。聖霊に駆られてわたしたちは、キリストがわたしたちの間に来られることによってこの世に開かれた神の国のために、ともに働くことができます。闇の中にある光、あまりの暴挙の中にある正義、多くの苦悩の中にある喜び、病と死の中にあるいやしと救い、憎しみの中にある優しさのみ国です。信仰の光のもと、わたしたちが愛を「ウイルス化」し、希望を世界中に広めることを、神がかなえてくださいますように。

（二〇二〇年九月三十日、教皇公邸のサンダマソの中庭にて）

Catechesis on the Acts of the Apostles,
the Beatitudes and Healing the World

ペトロ文庫

使徒言行録・世をいやす——教皇講話集　　定価はカバーに表示してあります

2022年5月23日　第1刷発行　　日本カトリック司教協議会認可

著　者　教皇フランシスコ
編訳者　カトリック中央協議会事務局
発　行　カトリック中央協議会
〒135-8585 東京都江東区潮見2-10-10 日本カトリック会館内
☎03-5632-4411(代表)、03-5632-4429(出版部)
https://www.cbcj.catholic.jp/

印刷　株式会社精興社　　ISBN978-4-87750-236-2 C0116

乱丁本・落丁本は、弊協議会出版部あてにお送りください
弊協議会送料負担にてお取り替えいたします

ペトロ文庫発刊にあたって

カトリック中央協議会事務局長　酒井俊雄

カトリック中央協議会の主要な任務の一つは、カトリック教会の教義をひろめ、信者を教化育成し、布教の推進を円滑にするための業務および事業を行うことにあります。とくに、教皇および教皇庁、また日本カトリック司教協議会の公文書を日本のカトリック教会と社会に向けて提供し続けることは、当協議会の重要課題であると自覚しています。

この使命を遂行するため、ここにペトロ文庫を発刊することとなりました。ペトロは、十二使徒のかしらであり、ローマの初代司教であり、カトリック教会の初代教皇です。使徒たちの後継者である司教は、ペトロの後継者である教皇との交わりのうちに、人々に奉仕します。とりわけ、信仰と道徳に関して教えるとき、つまり教導職を果たすとき、この交わりは不可欠です。そこで、カトリック中央協議会が新たに発刊する文庫に、初代教皇の名をいただくことといたしました。皆さまが教会公文書により親しむための一助となれば、望外の幸せです。

二〇〇五年十月